ΣBEST シグマベスト

中学社会

スーパー歴史年表

下地英樹 著

文英堂

特色と使用法

本書は，歴史の流れを年表にしてビジュアル化した学習ノートです。日常学習や定期テストはもちろん，高校入試にも十分対応できるように，中学歴史の重要用語をしっかりカバーしています。この1冊をやりきったときには，歴史の実力がグンと身についていることでしょう。

インプットもアウトプットもこの1冊で!!

基礎編では，歴史の流れにそって学習します。左ページは年表，右ページは関連資料で構成されているので，時代の流れと内容が見やすくなっています。
発展編では，文化・産業・外交などテーマ別になっており，時代による変化が簡潔にまとめられています。各時代のことがらを比べたり，どのように変化したのか確認したりすることができ，よりしっかりと歴史の流れが身につきます。

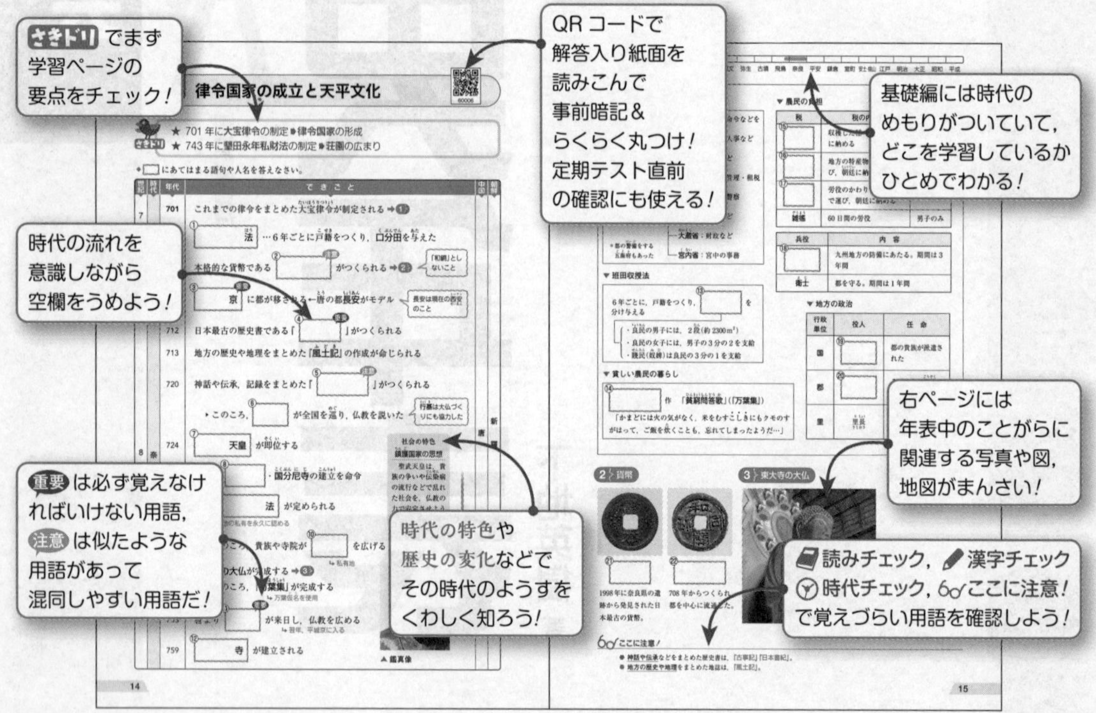
さきドリ でまず学習ページの要点をチェック！
QR コードで解答入り紙面を読みこんで事前暗記＆らくらく丸つけ！定期テスト直前の確認にも使える！
基礎編には時代のめもりがついていて，どこを学習しているかひとめでわかる！
時代の流れを意識しながら空欄をうめよう！
重要 は必ず覚えなければいけない用語，注意 は似たような用語があって混同しやすい用語だ！
時代の特色や歴史の変化などでその時代のようすをくわしく知ろう！
右ページには年表中のことがらに関連する写真や図，地図がまんさい！
読みチェック，漢字チェック，時代チェック，ここに注意！で覚えづらい用語を確認しよう！
律令国家の成立と天平文化

1
電子データ付録
年表

時代の流れを俯瞰できる年表は，印刷して壁に貼ったり書きこんだりして使うことができます。

60063

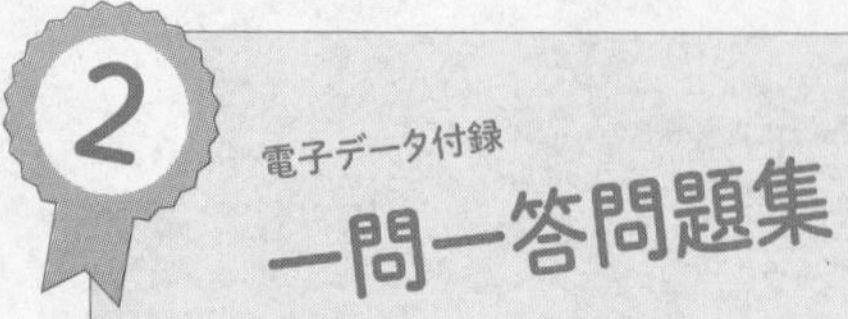
2
電子データ付録
一問一答問題集

一問一答問題集では，スマホで，または紙に印刷して本文の内容を問題形式で確認できるので，試験直前の最終チェックにピッタリです。

60064

もくじ

基礎編

発展編

人類の出現と進化

★ 約250万年前に人類は**打製石器**をつくり始める(**旧石器時代**)
★ 約1万年前に**縄文時代**が始まる(**新石器時代**)

◆□にあてはまる語句や人名を答えなさい。

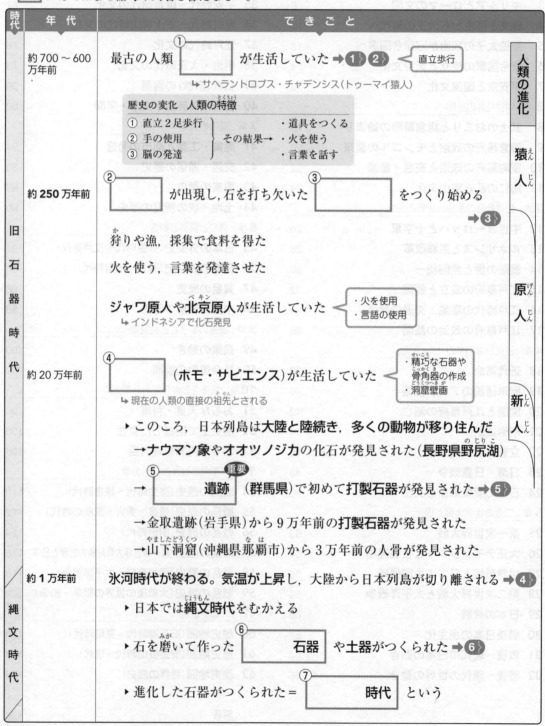

時代	年代	できごと	
旧石器時代	約700～600万年前	最古の人類 ①□ が生活していた ➡1 2 (直立歩行) ↳サヘラントロプス・チャデンシス(トゥーマイ猿人) **歴史の変化 人類の特徴** ① 直立2足歩行 ② 手の使用 ③ 脳の発達 } その結果→ ・道具をつくる ・火を使う ・言葉を話す	人類の進化 猿人
	約250万年前	②□ が出現し,石を打ち欠いた ③□ をつくり始める ➡3 狩りや漁,採集で食料を得た 火を使う,言葉を発達させた **ジャワ原人**や**北京原人**が生活していた (・火を使用 ・言語の使用) ↳インドネシアで化石発見	原人
	約20万年前	④□ (**ホモ・サピエンス**)が生活していた (・精巧な石器や骨角器の作成 ・洞窟壁画) ↳現在の人類の直接の祖先とされる ▸このころ,日本列島は**大陸と陸続き**,**多くの動物が移り住んだ** →**ナウマン象**や**オオツノジカ**の化石が発見された(**長野県野尻湖**) → ⑤□ **遺跡**【重要】(**群馬県**)で初めて**打製石器**が発見された ➡5 →金取遺跡(岩手県)から9万年前の**打製石器**が発見された →**山下洞窟**(沖縄県**那覇市**)から3万年前の**人骨**が発見された	新人
縄文時代	約1万年前	**氷河時代が終わる**。**気温が上昇**し,**大陸から日本列島が切り離される** ➡4 ▸日本では**縄文時代**をむかえる ▸石を磨いて作った ⑥□ **石器** や**土器**がつくられた ➡6 ▸進化した石器がつくられた= ⑦□ **時代** という	

1 人類の進化

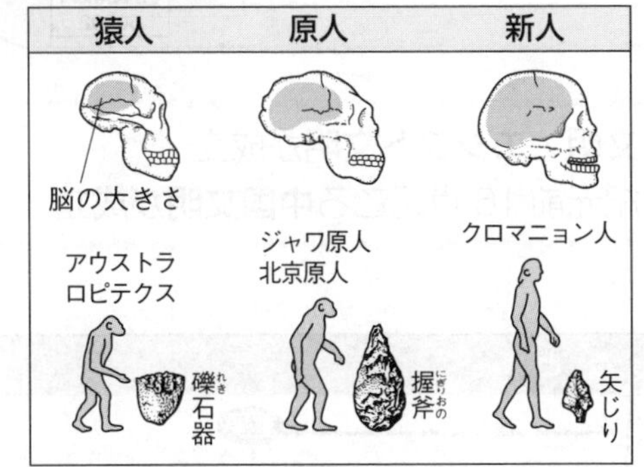

▲ラスコーの壁画

南フランスのラスコーの洞窟で発見された壁画。新人(クロマニョン人)が描いたもの。

2 人類の出現

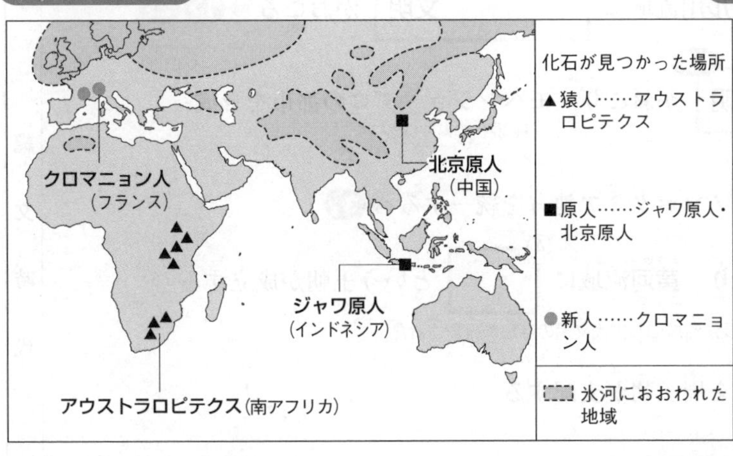

3 世界の旧石器時代と新石器時代

	旧石器時代	新石器時代
道具	打製石器	磨製石器・土器
生産	狩り・自然物採集	農耕・牧畜
住居	洞窟	平地に家を建設
社会	群(むれ)社会・移動生活	むらの成立・貧富の差
時期	約700万年前～数十万年間	9000年前～数千年間

4 この頃の日本のようす

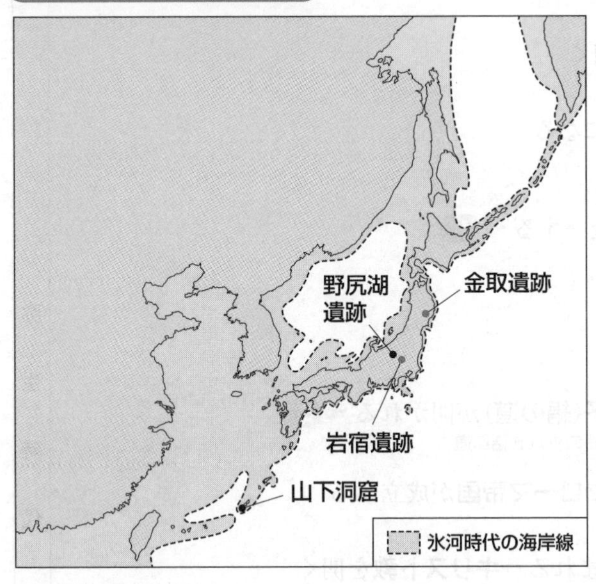

5 日本の旧石器時代

相沢忠洋(あいざわただひろ)が，1946年に群馬県の岩宿遺跡の関東ローム層(そう)から打製石器を発見。これにより，日本の旧石器時代が確認された。

岩宿遺跡で発見された石器 ▶

6 縄文時代の生活

⑧ ______ 石器

表面を磨いてつくった石器(新石器)。

ここに注意！

- **打製石器**を使っていた時代は，旧石器時代。
- **土器**や**磨製石器**を使っていた時代は，新石器時代。

2 世界の古代文明

60002

★ 紀元前3000年ごろ，**メソポタミア文明**・**エジプト文明**が成立
★ 紀元前2500年ごろ**インダス文明**，紀元前16世紀ごろ**中国文明**が成立

◆□にあてはまる語句や人名を答えなさい。

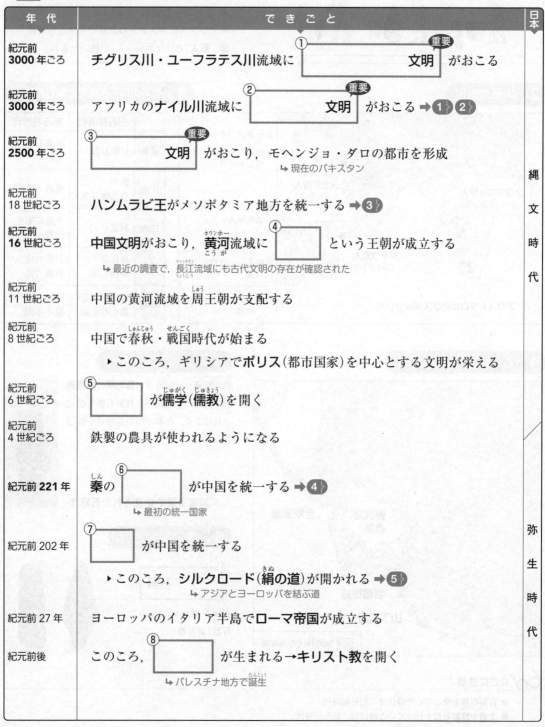

年代	できごと	日本
紀元前3000年ごろ	**チグリス川・ユーフラテス川**流域に ①［　　　**文明**］(重要) がおこる	縄文時代
紀元前3000年ごろ	アフリカの**ナイル川**流域に ②［　　　**文明**］(重要) がおこる ➡1 2	
紀元前2500年ごろ	③［　　　**文明**］(重要) がおこり，モヘンジョ・ダロの都市を形成（↳現在のパキスタン）	
紀元前18世紀ごろ	**ハンムラビ王**がメソポタミア地方を統一する ➡3	
紀元前16世紀ごろ	**中国文明**がおこり，**黄河**(こうが／ホワンホー)流域に ④［　　］ という王朝が成立する（↳最近の調査で，長江(ちょうこう／チャンチャン)流域にも古代文明の存在が確認された）	
紀元前11世紀ごろ	中国の黄河流域を周(しゅう)王朝が支配する	
紀元前8世紀ごろ	中国で春秋(しゅんじゅう)・戦国(せんごく)時代が始まる ▸このころ，ギリシアで**ポリス**(都市国家)を中心とする文明が栄える	
紀元前6世紀ごろ	⑤［　　］ が**儒学**(じゅがく)(**儒教**(じゅきょう))を開く	
紀元前4世紀ごろ	鉄製の農具が使われるようになる	
紀元前221年	秦(しん)の ⑥［　　］ が中国を統一する ➡4（↳最初の統一国家）	弥生時代
紀元前202年	⑦［　　］ が中国を統一する ▸このころ，**シルクロード**(**絹**(きぬ)**の道**)が開かれる ➡5（↳アジアとヨーロッパを結ぶ道）	
紀元前27年	ヨーロッパのイタリア半島で**ローマ帝国**が成立する	
紀元前後	このころ，⑧［　　］ が生まれる→**キリスト教**を開く（↳パレスチナ地方で誕生(たんじょう)）	

1 四大文明の発生地

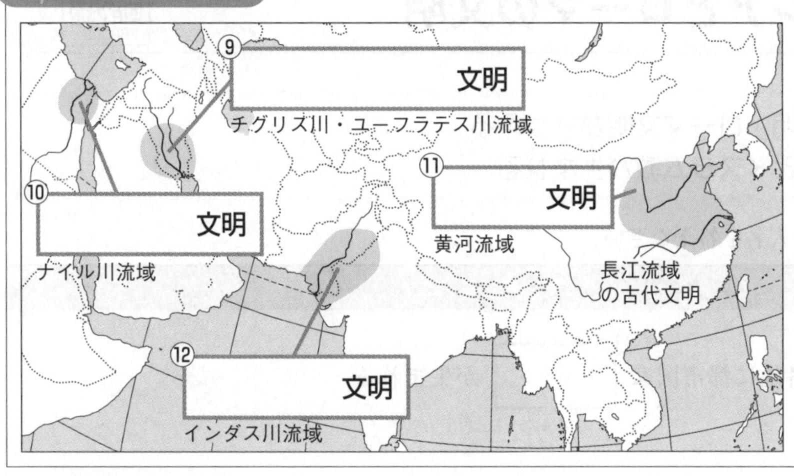

▲ピラミッドとスフィンクス(ギザ)

2 四大文明の比較

	エジプト文明	メソポタミア文明	インダス文明	中国文明
文字	⑬ 文字	⑭ 文字	インダス文字	⑮ 文字 重要
遺跡・出土品・文化	太陽暦(たいようれき)	ハンムラビ法典(メソポタミア文明) 太陰暦(たいいんれき)	▲インダス文明の遺跡 モヘンジョ・ダロの都市遺跡など	殷(いん)の遺跡から出土した青銅器(せいどうき)

3 ハンムラビ法典

ハンムラビ王が制定した282条からなる法律。「**目には目を，歯には歯を**」という刑罰(けいばつ)の原則が記されている。

石碑(せきひ)に刻まれた法典 ▶

4 万里の長城

秦の始皇帝が北方民族の侵入(しんにゅう)を防ぐため建設。写真は明(みん)時代のもの。

5 シルクロード

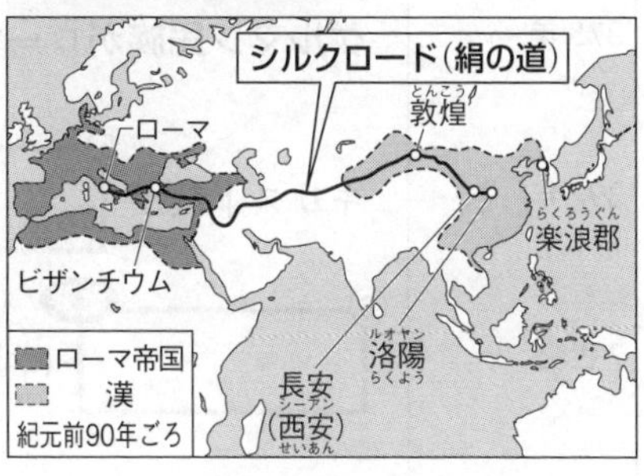

読みチェック

● 読めるかな？ A 儒学 B 秦

答 A じゅがく B しん

3 ギリシアとローマの文明

60003

★ ギリシア文明・ローマ文明がさかえる
★ キリスト教とイスラム教が生まれる

◆□にあてはまる語句や人名を答えなさい。

年代	できごと
紀元前8世紀	**ギリシア**各地に都市国家 ①□ が生まれる ↳アテネ・スパルタなど
紀元前6世紀	**ローマ**で王政が廃され，**共和政**がはじまる
紀元前5世紀	②□(重要) がインドで**仏教**を開く ➡1 2
	アテネで，すべての成人男子市民が参加する**民主政**がおこなわれる
	諸ポリスが連合し，ペルシャの侵攻を撃退する →ギリシア文明の全盛期 ➡3
紀元前4世紀	マケドニアの ③□**大王** が**東方遠征**し，ペルシアを征服
紀元前1世紀	ローマが地中海世界を統一し，**帝政**をおこなう ➡4
紀元前後	④□ がパレスチナにあらわれ，**キリスト教**を開く ➡1 2
375年	**ゲルマン民族**がローマ帝国内へ移動を開始する
392年	キリスト教が ⑤□**帝国** の国教となる
7世紀	⑥□(重要) により，**イスラム教**が開かれる ➡1 2
8世紀	イスラム帝国が中央アジアから北アフリカへ支配を広げる

1 宗教の誕生と広まり

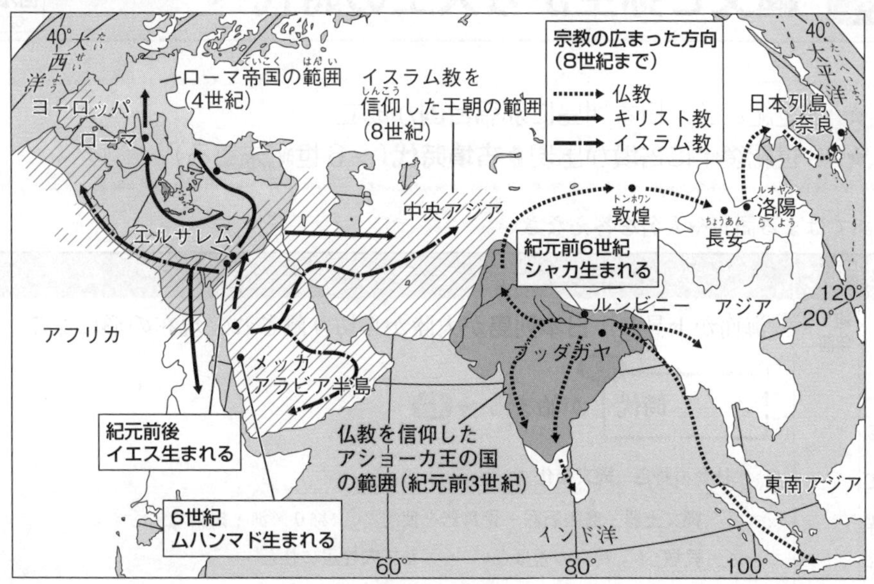

2 三大宗教

宗教	仏 教	キリスト教	イスラム教
成立	紀元前5世紀ごろのインド	紀元前後のパレスチナ地方	7世紀のアラビア半島
開祖	⑦	⑧	⑨
特徴	さとりを開けば安らぎを得られるという教え。	福音を基にして，神の愛を説く。⑩「　　」。	唯一の神アラーを信仰。⑪聖典「　　」。

3 ギリシアの文化

ギリシアの**パルテノン神殿**

4 ローマの文化

ローマ帝国が建てた**闘技場跡**

ここに注意！

- パレスチナでイエスが開いたのがキリスト教。
- アラビア半島でムハンマドが開いたのがイスラム教。

4 縄文と弥生から大王の時代へ

60004

★ 3世紀ごろ，日本列島に**邪馬台国**が成立
★ 3世紀後半に**古墳**が出現➡**古墳時代**(～6世紀末ごろ)

◆[　]にあてはまる語句や人名を答えなさい。

世紀	時代	年代	できごと	中国	朝鮮
紀元前4世紀	縄文時代	約1万年前	海面が上昇し，**日本列島**が大陸から切り離され，現在の形になる	殷・周・戦国	
			①[　　　]**時代**（重要） が始まる ➡1		
			社会の特色　縄文文化 ○ **縄文土器**・**磨製石器**・**骨角器**を使用　○ 狩り・漁・採集で生活する ○ **貝塚**　○ 貧富の差はない　○ たて穴住居に住む		
		約5500年前	**三内丸山遺跡**(青森県)が成立する		
			大陸から**稲作**など新しい技術が伝わる		漢の支配
	弥生時代		②[　　　]**時代**（重要） が始まる ➡1 2		
			社会の特色　弥生文化 ○ 薄手でかたい弥生土器がつくられる ○ 稲作が東北地方まで広まる　○ 貧富の差・身分の差がうまれる ○ 鉄器や青銅器などの金属器がつくられる	前漢	
紀元前1世紀			『漢書』に，「倭は，100余国に分かれていた」と記される		
紀元後1世紀		57	『後漢書』に，「奴国の王が ③[　　　] を授かる」と記される ➡2 3 ↳現在の福岡県で発見	後漢	
3世紀		**239**	『**魏志倭人伝**』に，30余国を従えた ④[　　　]**国**（重要） の女王 ⑤[　　　]（重要） が使いを送ったと記される	三国時代	
4世紀	古墳時代		▸このころ，⑥[　　　]**政権** が国内統一を進める ↳「ヤマト王権」ともいう **大王**とよばれる王が支配した	晋	高句麗・新羅・百済・伽耶
			▸このころ，西日本で大規模な**古墳**がつくられる		
5世紀			⑦[　　　]**墳**（重要） の**大仙古墳**がつくられる ➡5 6 ↳大阪府堺市		
			▸このころ，大陸から ⑧[　　　]（重要） が新しい技術・文化を伝える ➡4	南北朝	

1 土偶と銅鐸

⑨

⑩

2 弥生時代の遺跡

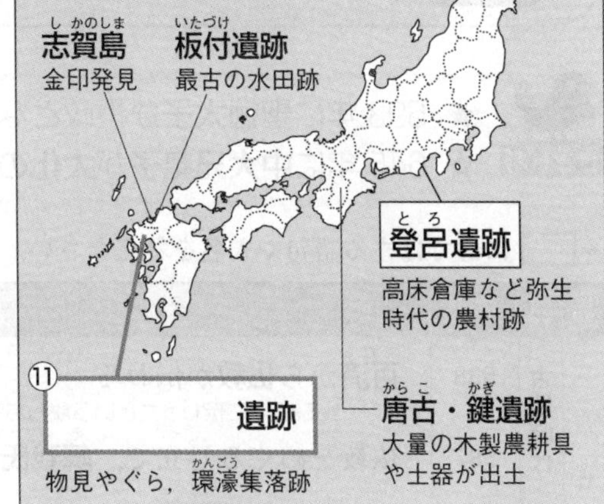

3 金印

後漢の光武帝が倭の奴国の王に授けたもの。江戸時代に福岡県の志賀島で発見された。「**漢委奴国王**」と彫られている。

4 渡来人

渡来人がもたらした，おもな技術・文化

- ○ 5世紀までに，**漢字**・**儒学**(儒教)が伝わる
- ○ 6世紀中ごろに**仏教**が伝わる
- ○ 土木・養蚕・製陶・機織の技術が伝わる

5 大仙古墳

全長486mの**前方後円墳**で，世界最大級の墓。仁徳陵古墳ともいう。

6 古墳の分布と出土品

埼玉県の稲荷山古墳から出土した鉄剣 ▶

「**ワカタケル大王**」の文字があり，この古墳に埋葬された者は大王につかえた豪族ではないかと考えられている。

漢字チェック

● 書けるかな？ A やまたいこく B こふん C おおきみ

答 A 邪馬台国 B 古墳 C 大王

聖徳太子の政治から律令国家へ

60005

★ 593年に**聖徳太子**が摂政となる➡**冠位十二階**・**十七条の憲法**の制定
★ 645年に**中大兄皇子**が**大化の改新**を開始する

◆□にあてはまる語句や人名を答えなさい。

世紀	時代	年代	できごと	中国	朝鮮
6	古墳時代	538	**百済**(くだら/ひゃくさい)から**仏教**が伝わる ↳552年に伝わったという説もある	南北朝時代	
		587	仏教をめぐる対立で，**蘇我氏**(そが)が**物部氏**(もののべ)を滅(ほろ)ぼす		
	飛鳥時代	**593**	①［　　　］(重要)が**推古天皇**(すいこ)の**摂政**(せっしょう)となる➡1 ↳日本最初の女帝		
7		603	**冠位十二階**(かんいじゅうにかい)の制度を定め，家がらによらない身分制度を定める ↳位を冠の色で識別した	隋	高句麗・百済・新羅
		604	②［　　　］を定め，役人の心得を示す➡2		
		607	**小野妹子**(おののいもこ)が③［　　　］として，**隋**(ずい)に派遣(はけん)される➡3		
		630	犬上御田鍬(いぬかみのみたすき)が第１回④［　　　］として大陸に派遣される➡4	唐	
		645	**中大兄皇子**(なかのおおえのおうじ)と⑤［　　　］が蘇我氏を倒す ↳のちの藤原鎌足 （蘇我蝦夷(えみし)・入鹿(いるか)の親子を倒した）		
			→⑥［　　　］(重要)という政治改革を開始する		
		663	**白村江の戦い**(はくすきのえ/はくそんこう)で，**唐**(とう)・**新羅**(しらぎ/しんら)の連合軍に大敗する➡5 6 （防衛の拠点(きょてん)となる大宰府(だざいふ)を守るため水城(みずき)を築いた）		
		668	中大兄皇子が即位(そくい)し⑦［　　　**天皇**］となる		
		670	最初の**戸籍**(こせき)となる**庚午年籍**(こうごねんじゃく)をつくる		
		672	天智天皇(てんじ)の死後，皇位をめぐり⑧［　　　**の乱**］がおこる		
			→勝利した**大海人皇子**(おおあまのおうじ)が即位し，**天武天皇**(てんむ)となる （676年，新羅が朝鮮(ちょうせん)を統一した）		新羅
		694	**持統天皇**(じとう)が都を**藤原京**(ふじわらきょう)(奈良県)へ移す		
		701	これまでの**律令**(りつりょう)をまとめた⑨［　　　］(重要)が制定される		

飛鳥(あすか)文化

1 飛鳥時代

▲ **伝聖徳太子像**

聖徳太子を描いたと伝えられる肖像画。

奈良県の斑鳩に建立された ⑩[　　　]寺

世界最古の木造建築物。世界遺産。

▲ **釈迦三尊像**

法隆寺金堂の本尊である**釈迦三尊像**。渡来人の**鞍作鳥**(**止利仏師**)が制作したと伝えられる。

2 十七条の憲法

一にいう。　和をたっとび，人と争うことのないようにこころがけなさい。

二にいう。　あつく三宝(仏教)を敬いなさい。三宝とは仏・法・僧である。

三にいう。　詔(天皇の命令)には必ずしたがいなさい。

十一にいう。功績のあった人は必ず賞し，あやまちのあった人は必ず罰しなさい。

十七にいう。ものごとをきめるのに独断でせず，人々と議論してきめなさい。

聖徳太子は十七条の憲法で役人の心得，天皇中心の政治，仏教の保護を訴えた。

3 遣隋使の派遣

聖徳太子が**小野妹子**に持たせた隋の**煬帝**あての手紙(国書)

「**日出づる処の天子が，日没する処の天子に手紙をおくる。**」

→この手紙の目的は**対等な外交関係**を結ぶこと。

4 遣唐使の派遣

630年の第1回派遣から，894年に**菅原道真**の進言により停止されるまで，約260年間にわたり，大陸の進んだ文化や制度を吸収するため派遣された。

◀ **遣唐使船**

5 白村江の戦い

白村江の戦いで，**唐・新羅**の連合軍に敗れた日本は，都を**大津宮**に移し，政治改革を進めた。

6 水城

白村江の戦いに敗れた後，唐・新羅からの攻撃に備えて，前面に水をたくわえた**水城**や**山城**が築かれた。

◀ **水城跡**(**福岡県大野城市・太宰府市**)

読みチェック

● 読めるかな？　A 百済　B 中大兄皇子　C 白村江の戦い

答 A くだら(ひゃくさい)　B なかのおおえのおうじ　C はくすきのえ(はくそんこう)

6 律令国家の成立と天平文化

60006

★ 701年に**大宝律令**の制定➡**律令国家**の形成
★ 743年に**墾田永年私財法**の制定➡**荘園**の広まり

◆□にあてはまる語句や人名を答えなさい。

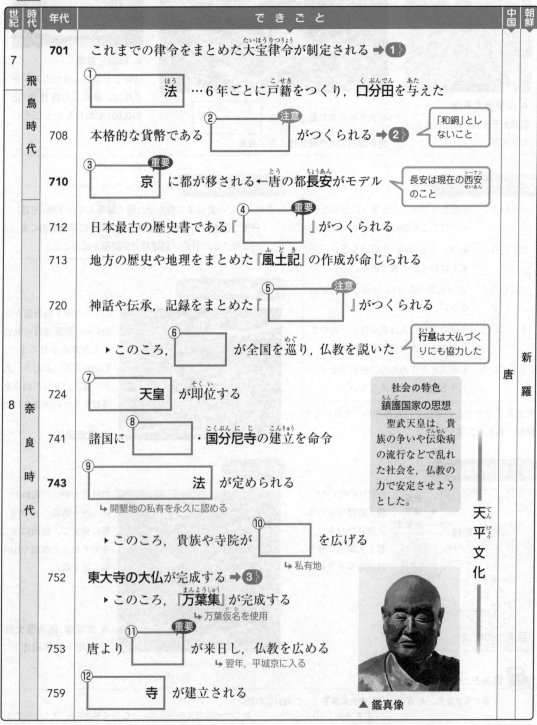

世紀	時代	年代	できごと	中国	朝鮮
7	飛鳥時代	**701**	これまでの律令をまとめた**大宝律令**が制定される ➡1	唐	新羅
			①［　　　　］**法**…6年ごとに**戸籍**をつくり，**口分田**を与えた		
		708	本格的な貨幣である②［　　　　］（注意）がつくられる ➡2　（「和銅」としないこと）		
8		**710**	③［　　　　］（重要）**京**に都が移される←唐の都**長安**がモデル　（長安は現在の西安のこと）		
	奈良時代	712	日本最古の歴史書である『④［　　　　］（重要）』がつくられる		
		713	地方の歴史や地理をまとめた『**風土記**』の作成が命じられる		
		720	神話や伝承，記録をまとめた『⑤［　　　　］（注意）』がつくられる		
			▸このころ，⑥［　　　　］が全国を巡り，仏教を説いた　（**行基**は大仏づくりにも協力した）		
		724	⑦［　　　　］**天皇**が即位する		
		741	諸国に⑧［　　　　］・**国分尼寺**の建立を命令		
		743	⑨［　　　　］**法**が定められる ↳開墾地の私有を永久に認める		
			▸このころ，貴族や寺院が⑩［　　　　］を広げる ↳私有地		
		752	**東大寺の大仏**が完成する ➡3		
			▸このころ，『**万葉集**』が完成する ↳万葉仮名を使用		
		753	唐より⑪［　　　　］（重要）が来日し，仏教を広める ↳翌年，平城京に入る		
		759	⑫［　　　　］**寺**が建立される		

天平文化

社会の特色
鎮護国家の思想
聖武天皇は，貴族の争いや伝染病の流行などで乱れた社会を，仏教の力で安定させようとした。

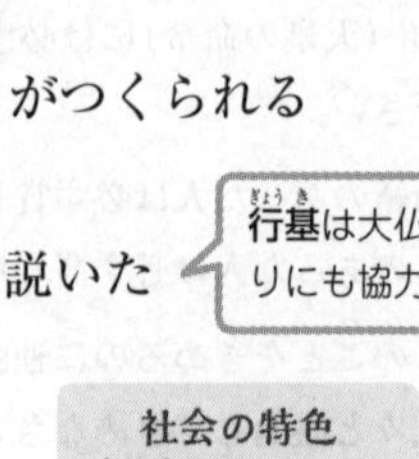

▲鑑真像

1 律令政治の特色

▼二官八省の制

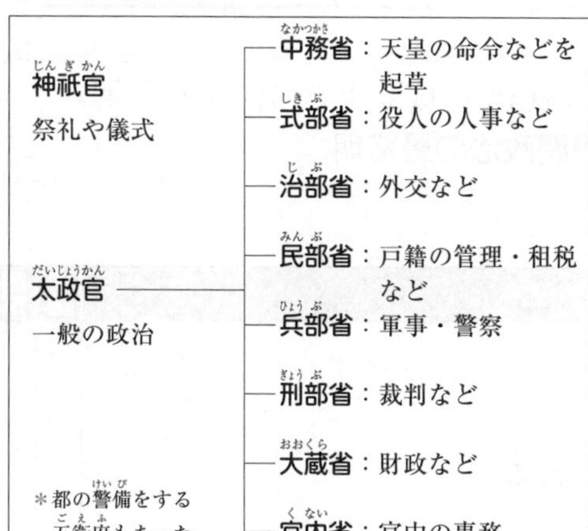

▼班田収授法

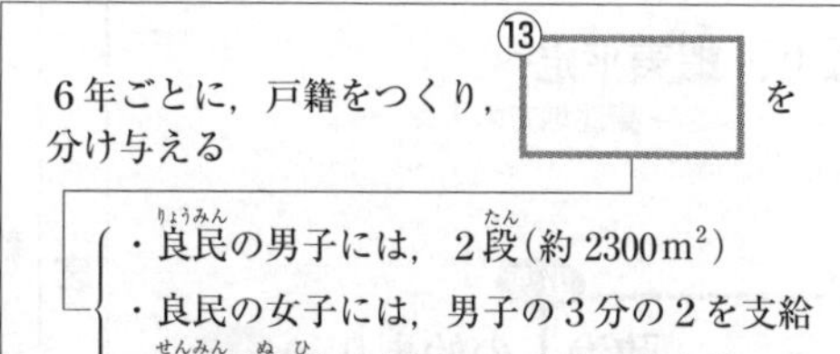

6年ごとに，戸籍をつくり，⑬　を分け与える
・良民の男子には，2段(約2300m²)
・良民の女子には，男子の3分の2を支給
・賤民(奴婢)は良民の3分の1を支給

▼貧しい農民の暮らし

⑭　作　「貧窮問答歌」(『万葉集』)
「かまどには火の気がなく，米をむすこしきにもクモのすがはって，ご飯を炊くことも，忘れてしまったようだ…」

▼農民の負担

税	税の内容	負担者
⑮	収穫した稲の3％を国司に納める	男女
⑯	地方の特産物を都まで運び，朝廷に納める	男子のみ
⑰	労役のかわりに布を都まで運び，朝廷に納める	男子のみ
雑徭	60日間の労役	男子のみ

兵役	内 容
⑱	九州地方の防備にあたる。期間は3年間
衛士	都を守る。期間は1年間

▼地方の政治

行政単位	役人	任 命
国	⑲	都の貴族が派遣された
郡	⑳	その地方の豪族がついた
里	里長	農民の代表がついた

2 貨幣

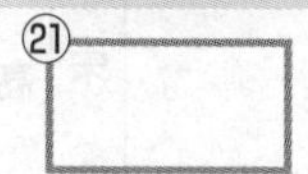
㉑

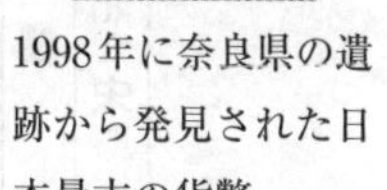
1998年に奈良県の遺跡から発見された日本最古の貨幣。

㉒

708年からつくられ，都を中心に流通した。

3 東大寺の大仏

聖武天皇は仏教の力で不安定な社会を安定させようと考え，諸国に**国分寺**を建立し，都にその中心となる**東大寺**を建立した。

ここに注意！

- **神話や伝承**などをまとめた歴史書は，『古事記』『日本書紀』。
- **地方の歴史や地理**をまとめた地誌は，『風土記』。

7 平安京と国風文化

60007

★ 794年に**平安京**にせん都➡**平安時代**(鎌倉幕府成立までの約400年間)
★ 1016年に**藤原道長**が摂政となる➡**摂関政治**の最盛期

◆□にあてはまる語句や人名を答えなさい。

世紀	時代	年代	できごと	中国	朝鮮
8	奈良時代	781	① □ **天皇**が即位する	唐	新羅
		784	都が平城京から**長岡京**(京都府)に移される		
	平安時代	**794**	② □ **京**(重要)(京都市)に都が移される➡2		
		797	**坂上田村麻呂**が③ □ となり，**蝦夷**平定へ ↳東北地方の人々		
9			**最澄**と**空海**が密教を開く➡3		
		866	藤原良房が**摂政**となる } 藤原氏の④ □ **政治**(重要)の始まり➡4		
		887	藤原基経が**関白**となる		
			時代の特色　藤原氏の政治 ○ 藤原氏は，娘を天皇のきさきにして，生まれた子を天皇にし，朝廷の権力をにぎった ○ 藤原氏以外の有力な貴族を地方へ追放し，中央の高官を独占した ○ 荘園を独占した		
		894	**菅原道真**の進言で，**遣唐使**が停止される		
			▸このころ，日本独自の⑤ □ **文化**(重要)が発達➡1 5		
10			**平将門**・**藤原純友**が反乱をおこす	五代	
		988	尾張国司**藤原元命**が農民に不正を訴えられる		
11		**1016**	⑥ □(重要)が摂政となる } **藤原氏の摂関政治の最盛期**	宋(北宋)	高麗
		1017	**藤原頼通**が摂政となる		
		1053	藤原頼通が，宇治に**平等院鳳凰堂**を完成させる		
		1086	⑦ □ **上皇**が**院政**を始める ↳天皇の位を退いた後に政治を行う		
12		1124	奥州藤原氏が，**平泉**(岩手県)に⑧ □ **堂**を完成させる➡6		

1 寝殿造

平安時代の貴族の住居。寝殿と呼ばれる中心の建物と複数の建物がつながっている。

2 平安京

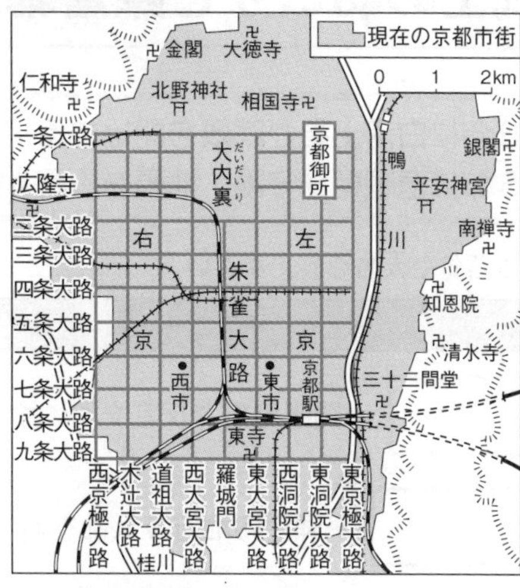

碁盤の目状に道が縦横に走っている。左京を中心ににぎわった。

3 最澄と空海

2人は804年に唐に渡り，最澄(左)は天台宗を中心に学び，空海(右)は密教を学んで帰国した。

最澄が**天台宗**を伝え，
比叡山に**延暦寺**を開く
↳滋賀県・京都府

空海が**真言宗**を伝え，
高野山に**金剛峯寺**を開く
↳和歌山県

4 藤原氏の繁栄

●藤原氏の系図 ○摂政 ●関白

鎌足 — 不比等 — 房前 — □ — □ — 冬嗣 — 良房○ — 基経○● — 忠平○● — 師輔 — 兼家○● — 道長○ — 頼通○●

●藤原道長の望月の歌

「この世をば　わが世とぞ思う　望月の　欠けたることも無しと思えば」

5 国風文化

国風文化の代表的な阿弥陀堂建築が残る ⑩ [　　　　]。

6 中尊寺金色堂

院政期に平泉(岩手県)に建てられた阿弥陀堂。

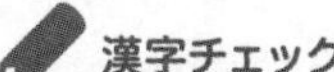

漢字チェック

● 書けるかな？　A さかのうえのたむらまろ　B えんりゃく寺　C こんごうぶ寺

答 A 坂上田村麻呂　B 延暦　C 金剛峯

武士のおこりと鎌倉幕府の始まり

★ 1086 年に**白河上皇**が**院政**を開始する
★ 1185 年に**源頼朝**が**守護・地頭**を設置➡**鎌倉幕府**が成立

◆□にあてはまる語句や人名を答えなさい。

世紀	時代	年代	できごと	中国	朝鮮
10		**935**	①□が**関東地方**で反乱をおこす	宋（北宋）	高麗
		939	②□が**瀬戸内地方**で反乱をおこす		
11	平安時代	1051	**前九年合戦**がおこる ｝東北地方での戦い		
		1083	**後三年合戦**がおこる		
		1086	**白河天皇**が**上皇**となり ③□【重要】を開始 ➡1		
12		1156	**保元の乱**：崇徳上皇と後白河天皇が対立		
		1159	④□**の乱**：平清盛と 源 義朝が対立		
		1167	武士として最初に ⑤□【重要】が**太政大臣**の位につく ➡2 5 6		
		1180	**源 頼朝**が挙兵し，**源平の戦い**が始まる ➡3 4 7	宋（南宋）	
		1180	**富士川の戦い**(静岡県)がおこる		
		1184	⑥□（↳頼朝の弟）らが**一ノ谷の戦い**（↳神戸市）で平氏と戦う		
		1185	**屋島の戦い**(香川県)がおこる		
		1185	平氏が ⑦□**の戦い**（山口県）で滅亡		
	鎌倉時代	**1185**	頼朝が地方に ⑧□【重要】と**地頭**を設置→**鎌倉幕府**を開く ➡8（↳始まりは 1183 年や 1192 年など諸説ある）		
		1192	頼朝が**征夷大将軍**に任命される		

11 世紀前半は，藤原氏の摂関政治の最盛期

歴史の変化　武士の誕生

① 摂関政治は地方の政治をかえりみなかったので，治安が悪化した
② 領地を守るために武装した集団(武士団)が生まれ，これが武士となる
③ 平氏(西国を支配)と源氏(東国を支配)が武士の棟梁となった

僧兵の横暴が繰り返される

兵庫港で日宋貿易を行った

社会の特色　地方の二重支配

幕府は国ごとに守護，荘園ごとに地頭を置いた。もともと国司・荘官が治めていたので，武士と朝廷の二重支配となった

1 僧兵

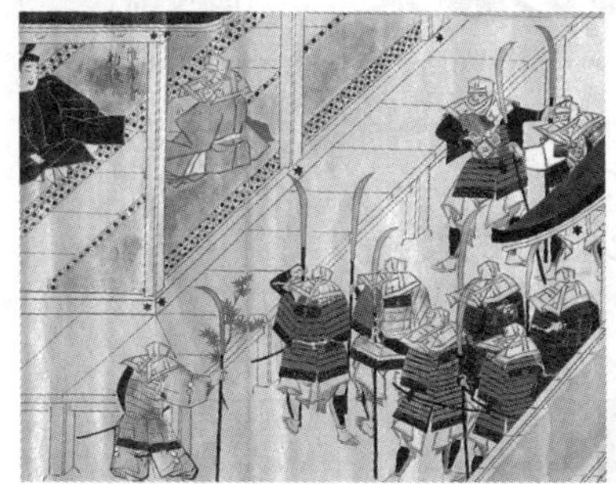

院政(いんせい)のころ，寺社は多くの荘園を持ち，武装(ぶそう)する僧(僧兵)とともに勢力を拡大した。

2 厳島神社

広島県。平清盛により改修された。

⑨ ＿＿＿＿神社

3 源平の戦い

1180年　富士川の戦い
↓
1184年　一の谷の戦い
↓
1185年　屋島の戦い
↓
1185年　壇ノ浦の戦い

4 武士が活躍した舞台

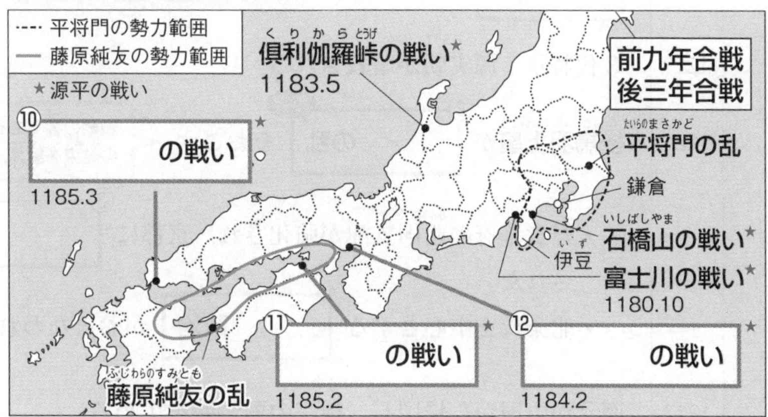

5 平清盛

平清盛は娘を天皇と結婚させ，生まれた子を天皇とするなど，藤原氏と同じように権力を独占した。

6 日宋貿易

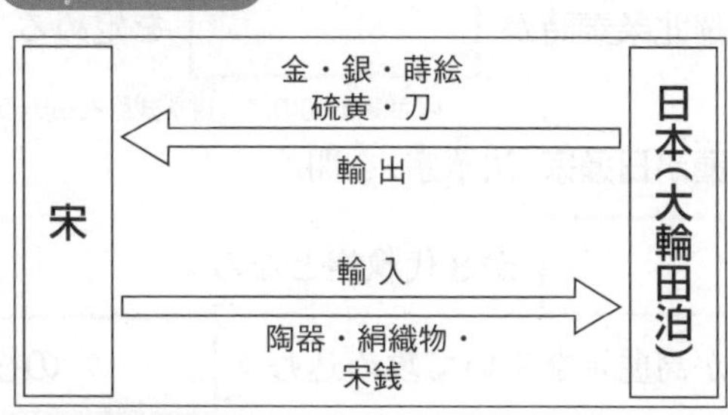

⑬ ＿＿＿＿貿易

平清盛は，平氏の領地にあった大輪田泊(おおわだのとまり)(神戸市)の港を中心に宋(中国)と貿易を開き，ばく大な富を得た。

7 源頼朝

▲源頼朝像

父の源義朝が，平治の乱で敗れると，静岡県の伊豆へ流された。その後，平家を倒し鎌倉幕府を開いた。

8 鎌倉幕府

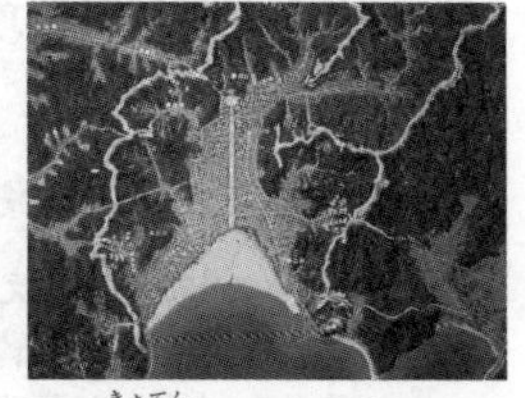

源頼朝は神奈川県の鎌倉に政治の拠点(きょてん)を置いた。鎌倉は一方が海，三方が山に囲まれ，防御(ぼうぎょ)に適していた。

漢字チェック

● 書けるかな？　A ほう げんの乱　B だい じょう大臣　C せい い大将軍

答 A 保元　B 太政　C 征夷

鎌倉幕府の政治とモンゴルの襲来

60009

★ 1232 年に**御成敗式目**を制定➡**執権政治**の強化
★ 1274 年に**文永の役**，1281 年に**弘安の役**（モンゴルの襲来）

◆□にあてはまる語句や人名を答えなさい。

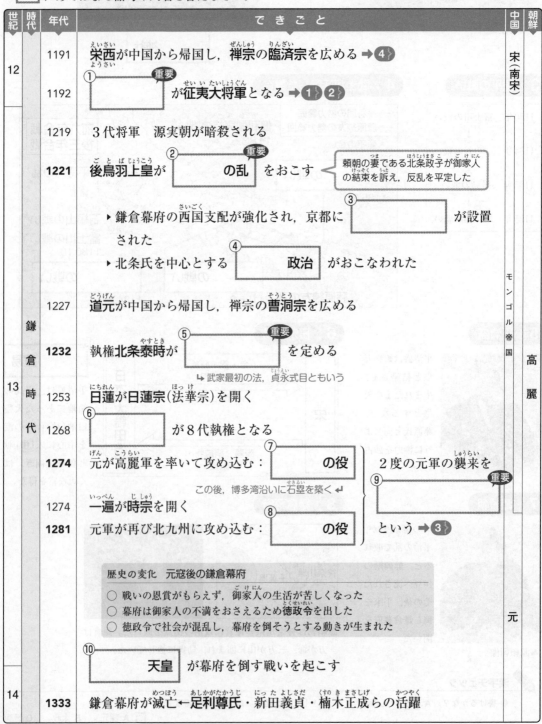

世紀	時代	年代	できごと	中国	朝鮮
12		1191	**栄西**が中国から帰国し，**禅宗**の**臨済宗**を広める➡4	宋（南宋）	
		1192	①［　　　］（重要）が**征夷大将軍**となる➡1 2		
13	鎌倉時代	1219	3代将軍　源実朝が暗殺される	モンゴル帝国	高麗
		1221	**後鳥羽上皇**が②［　　　の乱］（重要）をおこす（頼朝の妻である北条政子が御家人の結束を訴え，反乱を平定した） ▸鎌倉幕府の西国支配が強化され，京都に③［　　　］が設置された ▸北条氏を中心とする④［　　　政治］がおこなわれた		
		1227	**道元**が中国から帰国し，禅宗の**曹洞宗**を広める		
		1232	執権**北条泰時**が⑤［　　　］（重要）を定める ↳武家最初の法，貞永式目ともいう		
		1253	**日蓮**が**日蓮宗**（法華宗）を開く		
		1268	⑥［　　　］が8代執権となる		
		1274	元が高麗軍を率いて攻め込む：⑦［　　　の役］ この後，博多湾沿いに石塁を築く↵		
		1274	**一遍**が**時宗**を開く		
		1281	元軍が再び北九州に攻め込む：⑧［　　　の役］ （⑦⑧）2度の元軍の襲来を⑨［　　　］（重要）という➡3	元	
			歴史の変化　元寇後の鎌倉幕府 ○ 戦いの恩賞がもらえず，御家人の生活が苦しくなった ○ 幕府は御家人の不満をおさえるため**徳政令**を出した ○ 徳政令で社会が混乱し，幕府を倒そうとする動きが生まれた		
			⑩［　　　天皇］が幕府を倒す戦いを起こす		
14		**1333**	鎌倉幕府が滅亡←**足利尊氏**・**新田義貞**・**楠木正成**らの活躍		

1 武士の主従関係

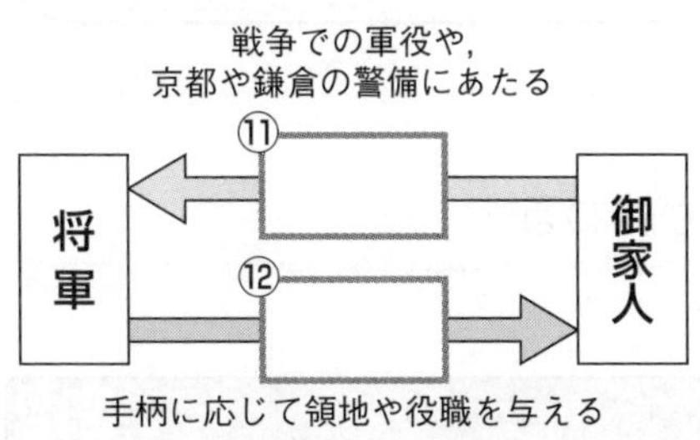

2 鎌倉幕府のしくみ

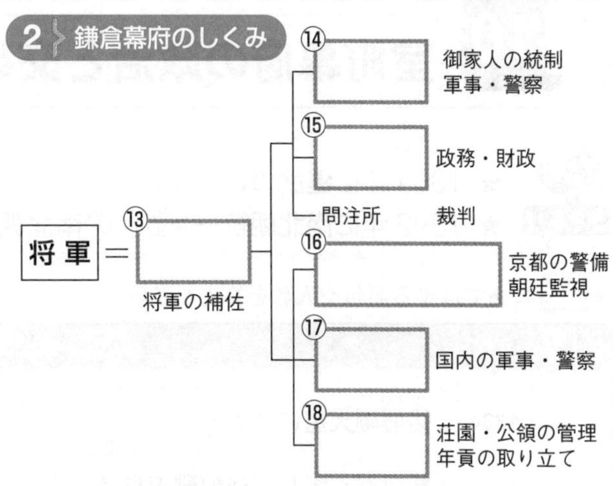

3 元寇のころの日本と元

日本の歴史	元の歴史
1192年 鎌倉幕府の開始	1206年 **チンギス・ハン**が部族を統一→**モンゴル帝国**の成立
1221年 承久の乱	
1232年 御成敗式目の制定	1258年 朝鮮半島の高麗を支配
1268年 北条時宗が8代執権となる	1271年 **元**の成立 皇帝→⑲
	▸このころ，イタリア人の⑳が元の都(大都)を訪れる
1274年 **文永の役**／1281年 **弘安の役** (元寇)	1279年 南宋を倒し，中国南部も支配する

▲日本と元の歴史

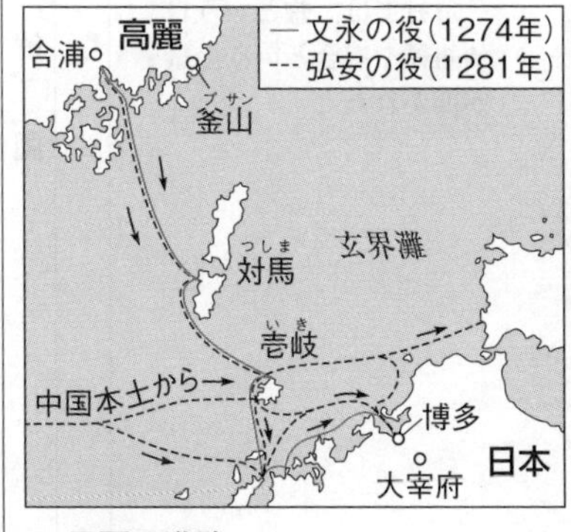

▲元軍の進路

▲**蒙古襲来絵詞** 元軍(左側)は集団で戦い，**毒矢**や**火薬**を使った**てつはう**など新しい武器を使用している。そのような戦いに日本(右側)の騎馬の武士が苦しんでいるようすがわかる。

4 鎌倉時代の仏教の宗派

㉑	浄土宗	一心に念仏(南無阿弥陀仏)を唱えれば死後極楽に行ける。
㉒	浄土真宗	罪を自覚した悪人こそ救われる。
㉓	臨済宗	禅宗，幕府の保護を受け鎌倉・京都に寺院建立。
㉔	曹洞宗	禅宗，越前(福井県)に永平寺を建立する。
日蓮	日蓮宗	幕府や他宗派を批判し，佐渡へ流刑された。
㉕	時宗	踊り念仏をとなえ，念仏札を配る。

漢字チェック

● 書けるかな？ A ぜん しゅう B にち れん C いっ ぺん

答 A 禅宗 B 日蓮 C 一遍

10 室町幕府の政治と交易・産業

★ 1334 年に**建武の新政**が始まる
★ 1392 年に**南北朝統一**➡動乱の**南北朝時代**が終わる

◆□にあてはまる語句や人名を答えなさい。

世紀	時代	年代	できごと	中国	朝鮮
14		**1334**	**後醍醐(ごだいご)天皇**による ①［　　　］ が始まる ➡1	元	高麗
	南北朝時代	1336	新政がくずれ，後醍醐天皇は吉野へ→**南北朝の対立**が始まる ↳奈良県		
		1338	②［　　　］ が京都に幕府を開く ➡2 3		
		1368	③［　　　］（重要） が３代将軍となる	明	
		1378	義満が，京都の室町(むろまち)に御所(ごしょ)を置いた→室町幕府		
	室町時代	**1392**	**南北朝が統一**され，約**60年間**続いた対立が終わる		朝鮮国
		1392	朝鮮半島の**高麗(こうらい)**が滅亡し，**朝鮮国(ちょうせんこく)**が成立する ↳李成桂(イソンゲ／りせいけい)が建国		
		1397	京都北山(きたやま)に**金閣(きんかく)**がつくられる ▸このころ，観阿弥と世阿弥により ④［　　　］ が完成する →能の合間には狂言が演じられた ▸このころ ⑤［　　　］ が中国・朝鮮の沿岸をあらす ➡5		
15		1404	⑥［　　　**貿易**］ が始まる →貿易船には勘合(かんごう)を持たせた ➡4 ↳勘合貿易ともいう		
		1429	首里(現在の那覇市)を都とした ⑦［　　　**王国**］ が成立する ➡6		

北山文化

倭寇
日本の海賊(かいぞく)。中国や朝鮮の沿岸部を荒らし，明(みん)が取りしまりを求めてきた

社会の特色　村の自治
農村では，**惣(そう)**という自治組織や**寄合(よりあい)**という会議が開かれた

歴史の変化　商業の発達
◯ 宋銭にくわえ明銭も流通し商業がさかんになる
◯ **定期市**が各地で，月３回から月６回に増える
◯ **馬借**や**車借**などの陸上の運送業者が活躍する
◯ **土倉**や**酒屋**などの金融業者が富をたくわえる

歴史の変化　農業の発達
◯ 鎌倉時代から始まった**二毛作**が広く行われた
◯ 各地で手工業が発達し，特産品が生まれた

1 建武の新政

このごろ都にはやるもの，夜討ち・強盗・にせ綸旨。召人・早馬・虚騒動。生頸・還俗・自由出家。にわか大名，迷い者。……

▲ **後醍醐天皇**
建武の新政を指揮したが，2年あまりで新政はくずれた。

▲ **二条河原落書**
建武の新政で社会が混乱しているようすがわかる。

2 室町幕府のしくみ

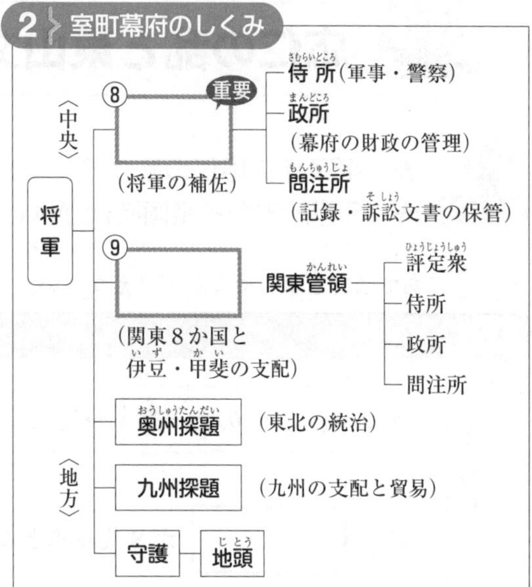

管領には，細川・斯波・畠山の３氏（**三管領**）が交代で任命された。

3 室町時代の文化

⑩ 重要

京都の北山に建てられた。正式名称は鹿苑寺金閣という。

⑪ 重要

能の合間には狂言が演じられた。

4 日明貿易

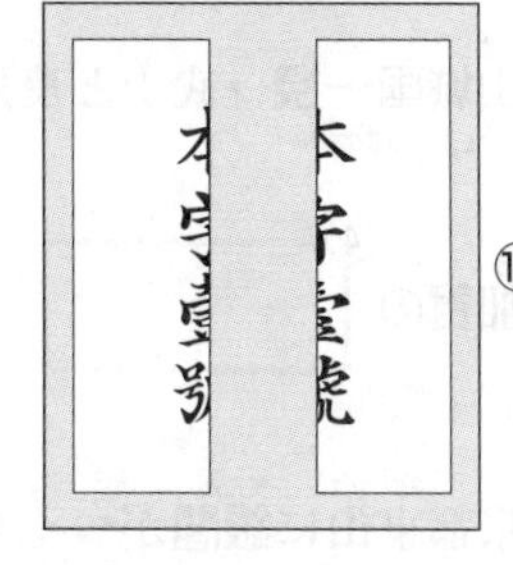

⑫ [　　　] は貿易船と倭寇を区別する割札。

5 倭寇

6 琉球

約450年続く琉球王国の首里城の正殿。沖縄戦で焼失し復元したが，2019年再び焼失した。

ここに注意！

- 1338年に，京都に幕府を開いたのが，足利尊氏。
- 1378年に，京都の室町に御所を置いたのが，足利義満。

応仁の乱と東山文化

★ 1467 年に**応仁の乱**がおこる ➡ 戦国の時代へ
★ 15 世紀末から**戦国時代**がはじまる

◆ □ にあてはまる語句や人名を答えなさい。

世紀	時代	年代	できごと	中国	朝鮮
15	室町時代	1428	① □ **の土一揆** →近江(滋賀県)の馬借が徳政を要求 ➡ 1 （日本で最初の大規模な一揆）	明	朝鮮国
		1449	② □ が 8 代将軍となる		
	戦国時代	**1467**	京都を舞台に ③ □ **重要** がおこる→戦国の時代へ		
			歴史の変化　応仁の乱の影響 ○ 室町幕府や将軍の権威が衰える ○ 荘園制度がくずれる ○ 守護大名が衰え，下剋上の風潮が強まり，戦国大名が登場する		
		1485	**山城国一揆**(京都府)→武士と農民が守護大名の軍勢を追放し 8 年間の自治		
		1488	**加賀の** ④ □ (石川県) →浄土真宗(一向宗)の信者が約 100 年間の自治 ➡ 1		
		1489	京都東山に**銀閣**がつくられる ➡ 3	東山文化	
			歴史の変化　東山文化の特色 ○ ⑤ □ …禅僧の住まいをまねた建築様式 ○ 水墨画…中国の影響を受け，墨一色で描かれた ○ お伽草子…「浦島太郎」や「一寸法師」などの物語がつくられる		
16		15 世紀末から	⑥ □ **時代** がはじまる ➡ 6 ▸ 各地で戦国大名が支配を広める ▸ 強力な軍隊や城をつくる ▸ 独自に定めた ⑦ □ で領地を治めた		

1 室町時代の社会

◀ 正長の土一揆
正長の土一揆の成果を記した碑文(奈良県柳生町)

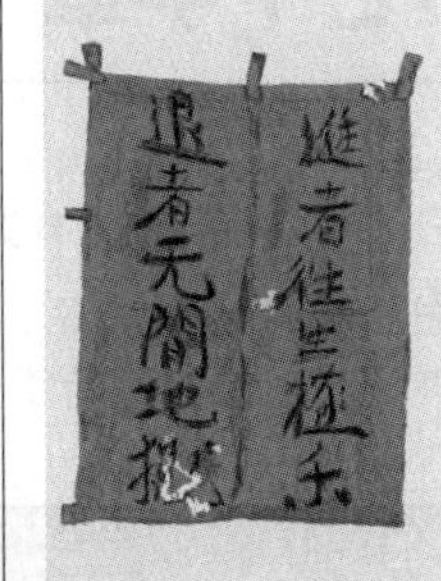

◀ 加賀の一向一揆
一向一揆で農民がかけた旗「進めば極楽に行ける，退けば地獄に行く」と書かれている。

2 村の自治

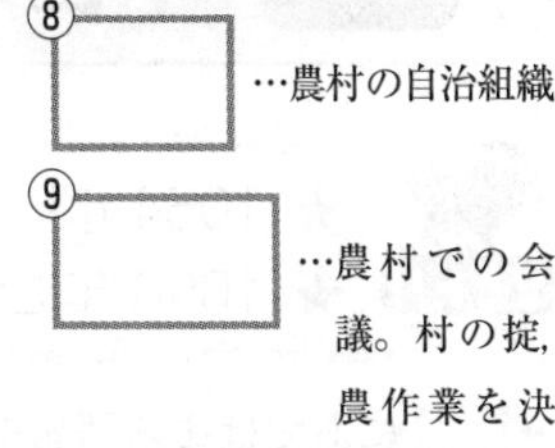

⑧ ［　　　］…農村の自治組織

⑨ ［　　　］…農村での会議。村の掟，農作業を決める

3 室町時代の文化

▲ 銀閣(慈照寺)京都の東山。簡素な造りの美を追究した

⑪ ［　　　］の作品
日本の水墨画を大成させる

4 都市の自治

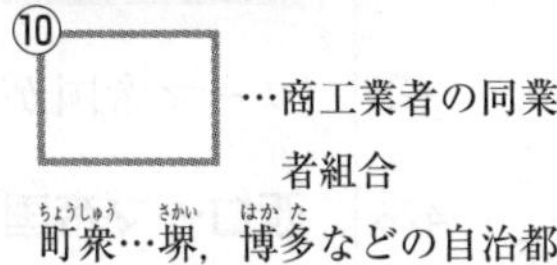

⑩ ［　　　］…商工業者の同業者組合

町衆…堺，博多などの自治都市をまとめた商人

5 室町時代の関係図

6 おもな戦国大名

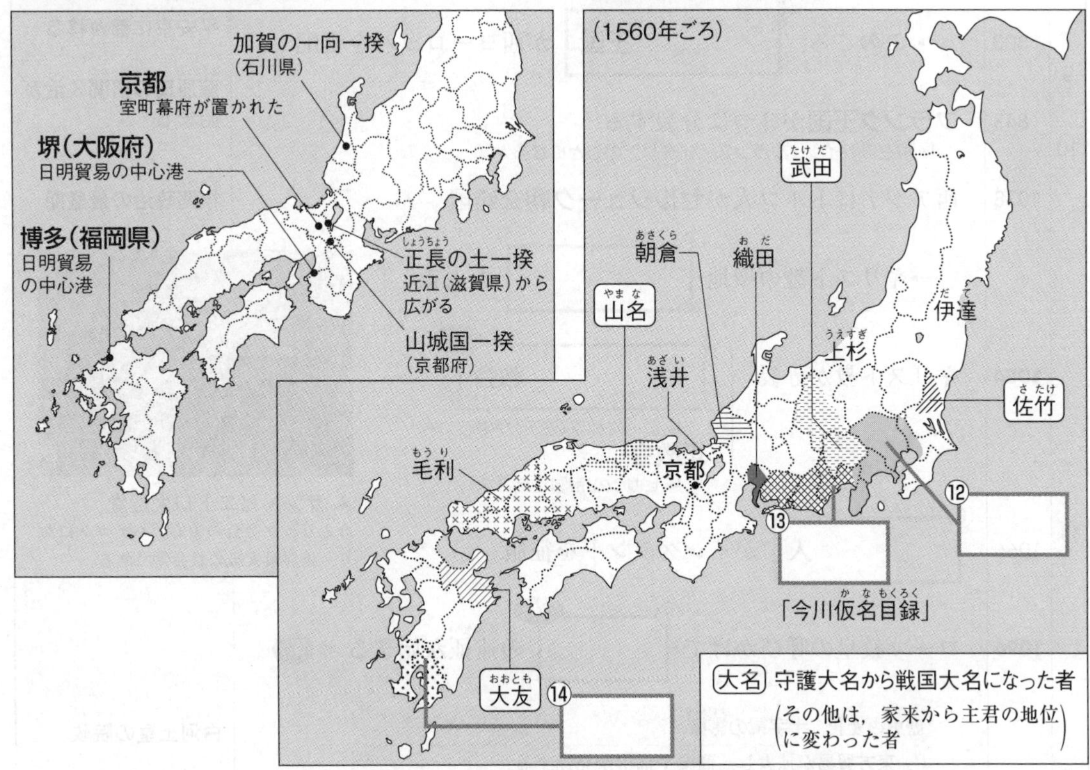

ここに注意！

- 1428 年に，徳政を要求したのが，正長の土一揆。
- 1485 年に，守護大名を追放したのが，山城国一揆。

12 中世ヨーロッパと十字軍

★ 1054年にキリスト教が2つの勢力に分裂➡**カトリック教会・正教会**
★ 1096年に**十字軍**の遠征が始まる

◆［　］にあてはまる語句や人名を答えなさい。

世紀	年代	できごと	日本のできごと
4	392	①［　　　］**教** が**ローマ帝国の国教**となる	
	395	ローマ帝国がビザンツ(東ローマ)帝国・西ローマ帝国に分裂	大規模な古墳がつくられる
5	476	**西ローマ帝国が滅亡**する／ビザンツ帝国は15世紀まで続く	
6	**610**	▸このころ，②［　　　］(重要) が**イスラム教**を開く ➡2	聖徳太子の政治
7	632	**イスラム帝国**がアラビア半島を統一 ➡3 →首都**バグダッド**は人口150万以上の大都市 ▸このころ，イスラム帝国の領域が最大となる	
8			平城京に都が移る
	800	▸このころ，③［　　　］**王国** が西ヨーロッパを支配	平安京に都が移る
9	843	**フランク王国**が3つに分裂する ↳現在のドイツ・フランス・イタリアのもとになる	藤原氏の摂関政治が始まる
10	1038	西アジアにトルコ人が**セルジューク朝**を建国 →キリスト教の聖地 ④［　　　］ を占領	摂関政治の最盛期
11	**1054**	キリスト教が分裂 ｛⑤［　　　］**教会**(注意) ↳ローマ教皇(法王)が中心 **正教会** ↳ビザンツ帝国と結びつく	
	1066	⑥［　　　］**人** がイングランドを征服	
	1096	ローマ教皇の呼びかけで ⑦［　　　］(重要) の遠征が始まる ➡4	白河上皇の院政

歴史の変化　十字軍の影響
- ○ **東方貿易**が拡大し，商業や都市が発達する
- ○ ベネチア・ジェノバ・フィレンツェなど**自治都市**が発展する
- ○ 諸侯・騎士が没落し，国王の力が強まる
- ○ ローマ教皇の権威が衰える

▲ **サン・ピエトロ大聖堂**
カトリック教会の中心。バチカンにあり，世界最大級の教会堂である。

1 ヨーロッパの封建制度

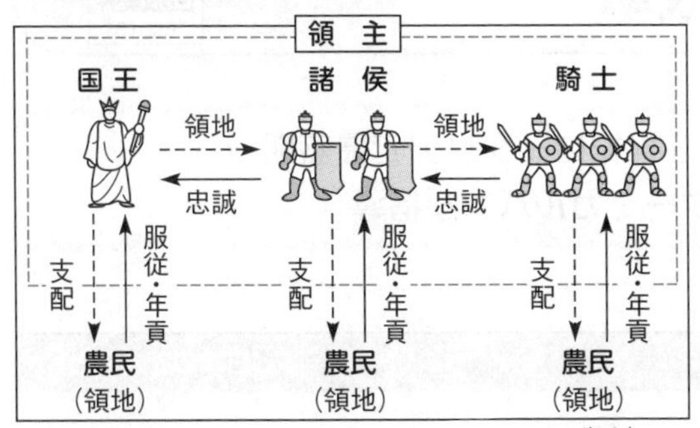

国王・諸侯・騎士が領地をなかだちに，自由な**契約**（けいやく）による**主従関係**を結んでいる。これを**封建制度**という。国王・諸侯・騎士は領主として，農民（農奴（のうど））に領地を貸し与えて耕作させた。

2 イスラム教

▲ イスラム教のモスク（礼拝所）

ムハンマドは，唯一神（ゆいいつしん）⑧［　　　］への絶対服従（ふくじゅう）を唱え，**偶像崇拝（ぐうぞうすうはい）を禁止**した。

3 8世紀ごろのおもな国

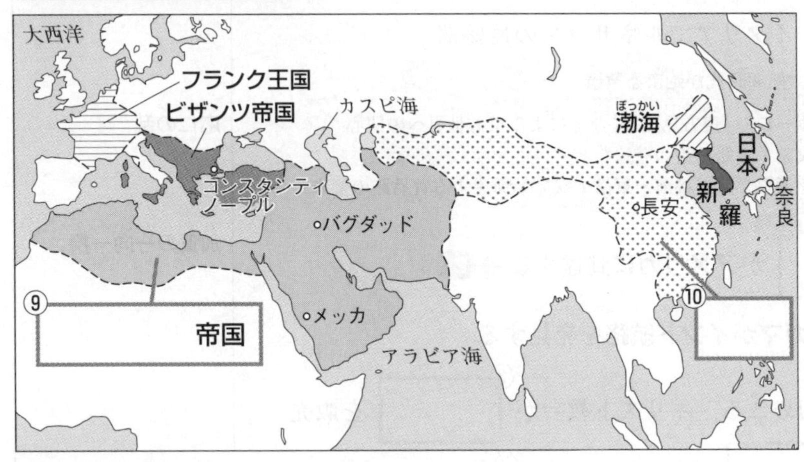

ヨーロッパとアジアの間にイスラム帝国が位置している。

フランク王国は9世紀後半に**東フランク王国**（のちのドイツ），**西フランク王国**（のちのフランス），**イタリア**の3つに分裂した。

4 十字軍の遠征

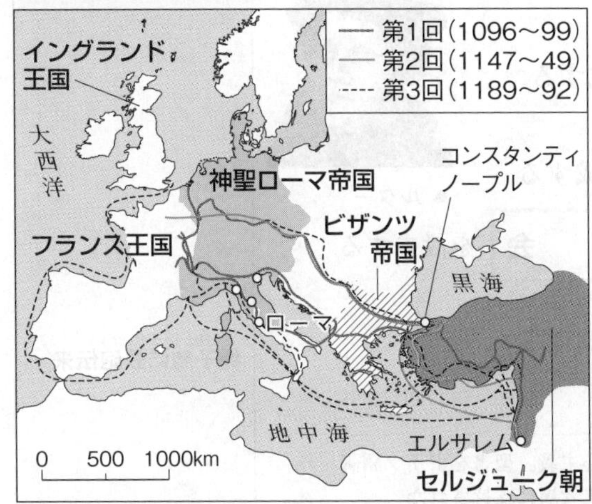

十字軍は11世紀末から約200年間で7回派遣（はけん）された（図には第3回までを表示）。一時はエルサレムを奪回したが，遠征の回を重ねるごとに宗教的な理由よりも経済的利益をもくろむようになり，略奪や暴行が増えた。結局，十字軍の遠征は失敗に終わった。

ここに注意！

- **ローマ教皇**（法王）を中心としたキリスト教会は，カトリック教会。
- **ビザンツ帝国**と結びついたキリスト教会は，正教会。

ルネサンスと宗教改革

★ 14世紀に**ルネサンス**がおこる ➡ 15世紀にイタリアで最盛期
★ 16世紀に**宗教改革**が始まる ➡ **ルター・カルバン**が指導

◆ □ にあてはまる語句や人名を答えなさい。

世紀	年代	できごと	日本のできごと
14		①[　　　]（重要）（文芸復興）がヨーロッパで始まる ➡ 1	鎌倉幕府の滅亡
		歴史の変化　ルネサンスのおこり ① 十字軍の失敗で，教会の権威が衰えた ② 自治都市の豊かな経済力　③ イスラム・ビザンツ文化の影響 →自然や人間をありのままに見直そうとする文化運動が生まれた	
15		▸ 15世紀，イタリアでルネサンスの最盛期	
		社会の特色　大航海時代が始まる背景 ① マルコ・ポーロの『東方見聞録』などによる東方世界への関心 ② 羅針盤・火薬・造船技術の発達など ③ 西アジアを通らず，直接南・東南アジアへ到達する貿易路の要求	応仁の乱
	1492	②[　　　]（注意）がアメリカに到達する ➡ 2	加賀の一向一揆
	1498	**バスコ・ダ・ガマがインド航路を発見する**	
16		▸ 16世紀初めころ，キリスト教会が ③[　　　] を販売	
	1517	ドイツの ④[　　　] が『**九十五カ条の論題**』を発表し，教会を批判→**宗教改革**の始まり	このころ，戦国時代
	1522	⑤[　　　]（注意）船隊が世界一周を達成する ↳彼自身は前年にフィリピンで死亡した	
	1522	ルターがドイツ語に訳した聖書を作成する ▲ルター	
	1534	**イグナチウス・ロヨラらが ⑥[　　　]会 を設立する** ↳ザビエルも参加	
	1541	スイスで ⑦[　　　]（重要）が教会を批判する	種子島に鉄砲伝来
		歴史の変化　宗教改革 ○ ルター…免罪符の販売を批判。聖書中心主義。聖書をドイツ語訳 ○ カルバン…勤労と蓄財をすすめ，商工業者層に支持された →ルターやカルバンら改革派（プロテスタント，新教）に対して，旧来の教会であるカトリック教会は，勢力を回復するためイエズス会を設立。海外での布教活動をさかんに行う	

1 ルネサンスの業績

	活躍した人物	おもな作品など	特色など
文学	ダンテ	⑧	口語のイタリア語で書かれた詩
	シェークスピア	『ハムレット』	イギリスの劇作家
科学	コペルニクス		最初に**地動説**を唱えた
	⑨		天体望遠鏡を用い，**地動説**が正しいと証明した
美術	レオナルド・ダ・ビンチ	「モナ・リザ」	さまざまな分野に才能を発揮→「**万能の天才**」
	ラファエロ	マドンナ像	聖母(マドンナ)像を得意とした
	⑩	ダビデ像	彫刻家。絵画では「**最後の審判**」がある

▲「モナ・リザ」

▲ダビデ像

●ルネサンスの三大発明

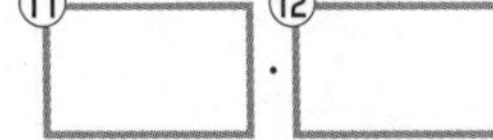
⑪　・⑫　・活版印刷術

2 大航海時代

▲コロンブスのアメリカ到達

コロンブスは到着した島をインドの一部と考えた。今でもカリブ海の島々が西インド諸島とよばれるのは，このためである。

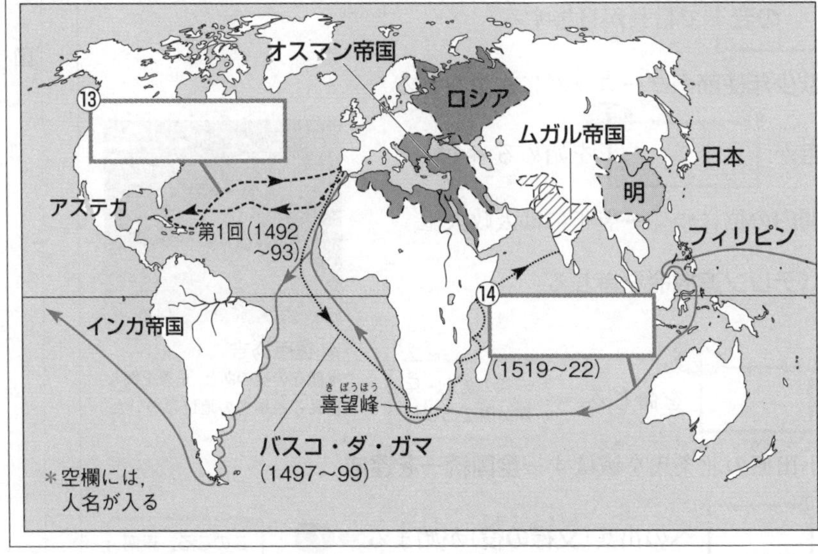

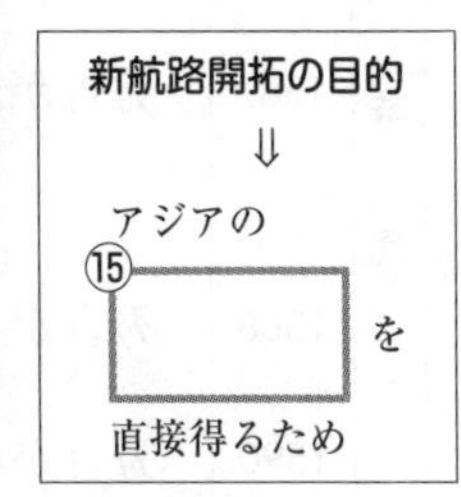

◀新航路の開拓

ここに注意！

● アメリカ大陸に到達したのは，コロンブス。
● 世界一周を達成したのは，マゼラン船隊。

戦国の世と全国統一

★ 1573 年に室町幕府が滅亡➡**織田信長**・**豊臣秀吉**の統一事業
★ 1592 年に**文禄の役**，1597 年に**慶長の役**(秀吉の朝鮮侵略)

◆［　　］にあてはまる語句や人名を答えなさい。

世紀	時代	年代	できごと	中国	朝鮮
16	室町時代	1543	ポルトガル人が**種子島**に流れ着き，**鉄砲**が伝えられる➡1	明	朝鮮国
		1549	①［　　　　］(重要)が来日し，**キリスト教**を伝える➡2		
			→スペイン・ポルトガルと②［　　　　**貿易**］が始まる		
		1560	③［　　　　**の戦い**］で，**織田信長**が**今川義元**を破る➡3		
		1573	信長が**足利義昭**を追放し，**室町幕府**が**滅亡**する ↳室町幕府 15 代将軍		
	安土桃山時代	1575	④［　　　　**の戦い**］(重要)で，信長が武田勝頼を破る➡4		
		1576	信長が琵琶湖(滋賀県)の湖畔に⑤［　　　　**城**］を築く		
		1577	安土城下で⑥［　　　　］(自由商売の制度)を実施		
		1582	⑦［　　　　**の変**］で信長が自害する (家臣の明智光秀にそむかれて自害した)		
		1582	**天正遣欧少年使節**がヨーロッパに派遣される		
		1582	**豊臣秀吉**が⑧［　　　　］(重要)を始める➡6		
		1585	秀吉が**関白**の位につく→翌年には**太政大臣**		
		1587	秀吉が**バテレン追放令**を命じる		
		1588	秀吉が⑨［　　　　］(重要)を命じる (一揆の防止・兵農分離を命じた)		
		1590	秀吉が小田原の北条氏を滅ぼす→**全国統一を達成**		
		1592	最初の⑩［　　　　］への出兵(**文禄の役**)が始まる➡7		
		1597	2度目の朝鮮への出兵(**慶長の役**)が始まる (このころ，東南アジア諸国との朱印船貿易が始まった)		

▲ 織田信長

▲ 豊臣秀吉
本能寺の変のあと，光秀を倒し，信長の後継者の地位についた。

1 鉄砲の伝来

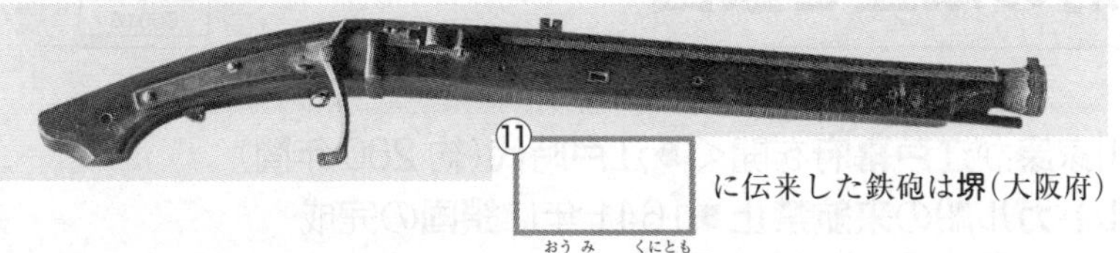

⑪ [　　　] に伝来した鉄砲は堺(大阪府)や近江の国友(滋賀県)などで製造され，戦国時代に大きな影響を与えた。

2 ザビエル

⑫ [　　　] 会 宣教師。キリスト教布教のため，鹿児島に上陸した。

3 信長・秀吉の全国統一

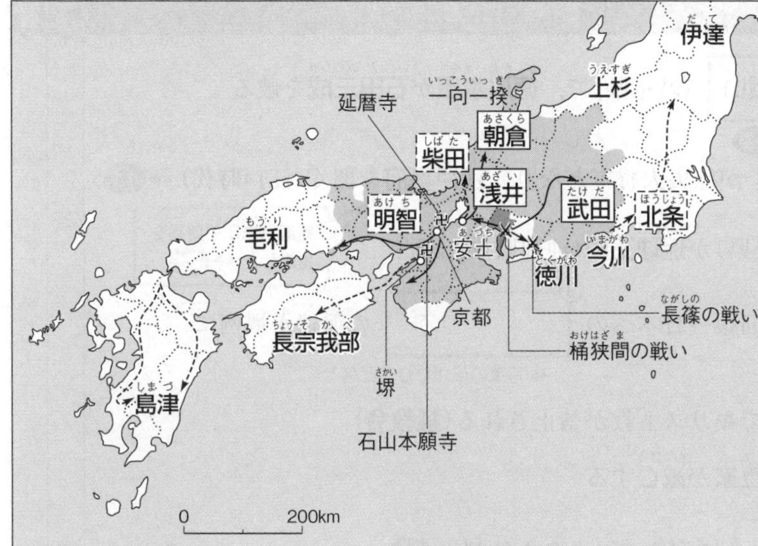

4 長篠の戦い

織田・徳川の連合軍(左)が3000挺の鉄砲を使い，武田軍(右)の騎馬隊を倒したといわれる。

5 茶の湯

⑬ [　　　] 茶の湯を大成した

6 太閤検地

江戸時代の検地のようす。耕地の面積や収穫量を調べ，石高で表した。農民に年貢を納めさせた。

7 朝鮮出兵

秀吉は明(中国)の征服の足がかりとして，朝鮮へ出兵した。

漢字チェック

● 書けるかな？　A おだのぶなが　B とよとみひでよし　C ぶんろくの役

答 A 織田信長　B 豊臣秀吉　C 文禄

15 江戸幕府の成立と鎖国

60015

★ 1603年に徳川家康が江戸幕府を開く➡江戸時代(約260年間)
★ 1639年にポルトガル船の来航禁止➡1641年に鎖国の完成

◆□にあてはまる語句や人名を答えなさい。

世紀	将軍	年代	できごと	中国	朝鮮
16	徳川家康	**1600**	①［　　］**の戦い**（岐阜県）で，**徳川家康**が**石田三成**を破る		
		1603	②［　　］（重要）が征夷大将軍となり，**江戸幕府**を開く（江戸時代）➡1　家康は朱印船貿易を推進した➡2		
	徳川秀忠	1609	薩摩藩（鹿児島県）が**琉球王国**（沖縄県）を支配		
		1609	朝鮮との国交回復→日本への③［　　］の派遣が慣例に　↳将軍の代がわりごとなど		
		1612	**幕領**（幕府領）でキリスト教が禁止される（**禁教令**）		
		1615	**大阪の陣**で豊臣家が滅亡する		
		1615	④［　　］を定めて，大名を統制➡3	明	
			社会の特色　初期の武家諸法度のおもな内容 ○ 学問と武芸を常に心がけて励むこと ○ 大名が新しく城を築くことを禁止，城の修理も制限した ○ 大名どうしが無断で結婚することを禁止した		朝鮮国
17	徳川家光	1623	⑤［　　］が3代将軍になる		
		1629	キリシタンを発見するため⑥［　　］を実施		
		1635	⑦［　　］（重要）が制度化→武家諸法度に追加　↳大名は1年おきに江戸と領国を往復		
		1637	⑧［　　］**一揆**がおこる←中心人物：**天草四郎**（益田時貞）　↳長崎県・熊本県		
		1639	**ポルトガル船の来航を禁止**する➡4		
		1641	オランダ商館が長崎の**出島**に移される→⑨［　　］（重要）の完成➡5　長崎貿易は，**中国船**と**オランダ船**のみに制限	清	
	家綱	1669	松前藩に対し，アイヌの⑩［　　］が反乱をおこす		

（1623〜1641年：鎖国へ）

▲踏絵

1 江戸幕府のしくみ

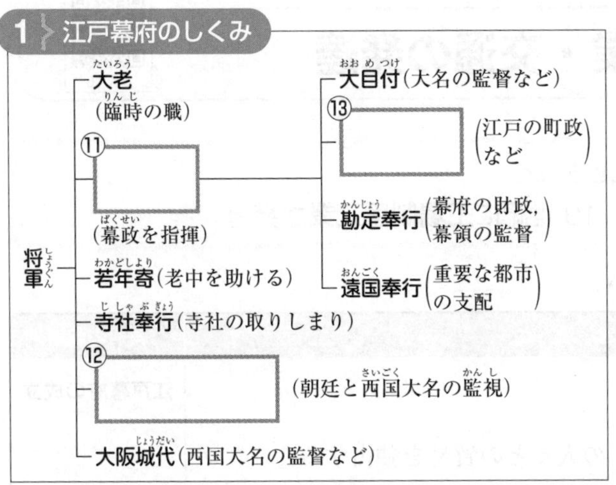

2 朱印船貿易

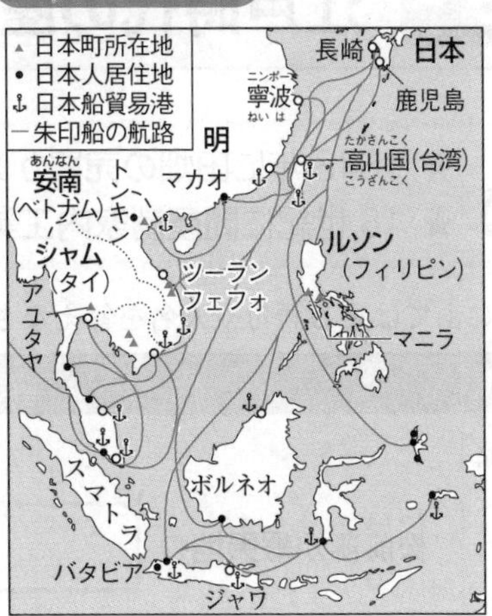

⑭家康が［　　］を発行し貿易を認めた。各地に日本人町ができる。

3 おもな大名の配置

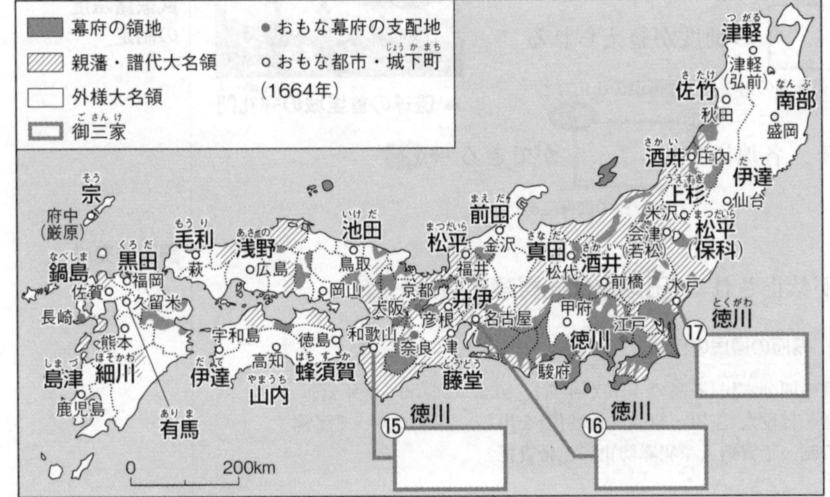

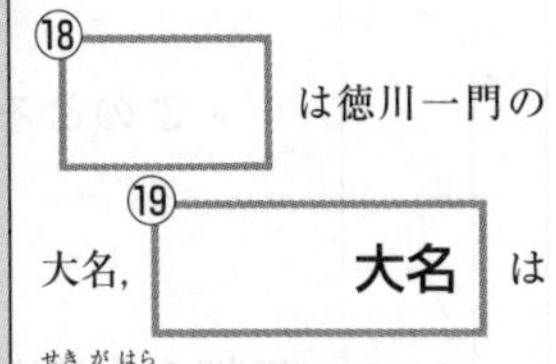

⑱［　　］は徳川一門の大名，⑲［　　］大名は関ヶ原の戦い以前からの徳川家の家臣だった大名，

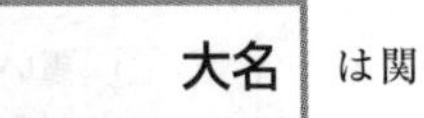

⑳［　　］大名は関ヶ原の戦い以後に徳川家に従った大名。

4 鎖国下の外国との窓口

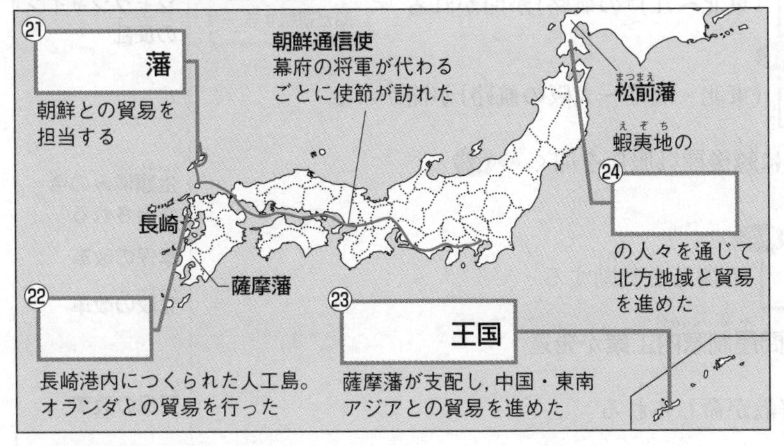

5 出島

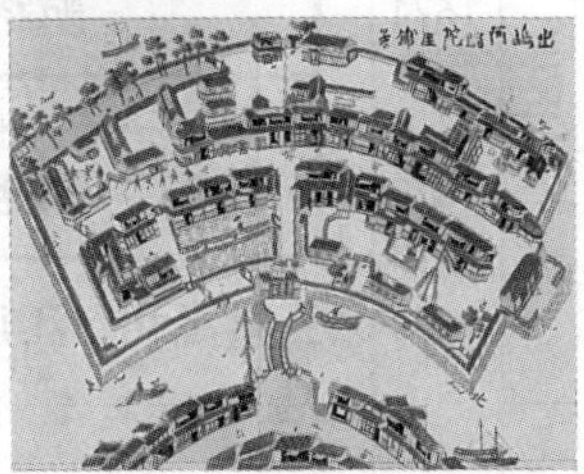

長崎湾内につくられた人工の島で，鎖国中，オランダと貿易を行った。また，国交のない中国とも長崎で貿易が行われた。

ここに注意！

- 1624年にスペイン船の来航禁止，1639年にポルトガル船の来航禁止。
- 1635年に日本人の海外渡航・帰国禁止。

江戸時代の産業・交通の発達

★ 1643 年に**田畑の売買が禁止**される
★ 18 世紀に**問屋制家内工業**，19 世紀に**工場制手工業**が発達

◆□にあてはまる語句や人名を答えなさい。

世紀	年代	できごと	幕府の政治
	1604		江戸幕府の成立
		松前藩が蝦夷地の①□の人々との貿易を独占する	
	1619	**菱垣廻船**の運航が始まる	
	1625	街道の②□の制度が整えられる ↳東海道の箱根，甲州街道の小仏など	武家諸法度の制定
		▲琉球の首里城の守礼門	
		▸このころ，各地に③□［重要］ができる ➡2 ↳庶民の教育にあたった	
17	**1643**	田畑の売買が禁止される(**田畑永代売買禁止令**) ➡3	鎖国の完成
		社会の特色　幕府の農民の統制 ① 重い年貢…四公六民(石高の 40%が年貢)，五公五民(50%が年貢) ② 村の運営…村役人(庄屋・組頭・百姓代)を出し，寄合によって運営 ③ 五人組の制…年貢納入や犯罪防止に連帯責任	
		▸このころ，**五街道**が整備される ➡1	
	1671	④□［注意］航路(東北～江戸の航路)が開かれる （このころ，樽廻船が運航する）	シャクシャインの反乱
	1672	⑤□［注意］航路(東北・北陸～大阪の航路)が開かれる	
	1673	**三井高利**が江戸に**越後屋**呉服店を開く ➡5	生類憐みの令が出される
18	1722	幕府が⑥□［重要］の開発を奨励する	享保の改革
	1793	▸このころ，**問屋制家内工業**が発達	寛政の改革
19	1841	⑦□の解散が命じられる ↳同業者組合	天保の改革
		▸このころ，⑧□(マニュファクチュア)が発達	

1 江戸時代の交通

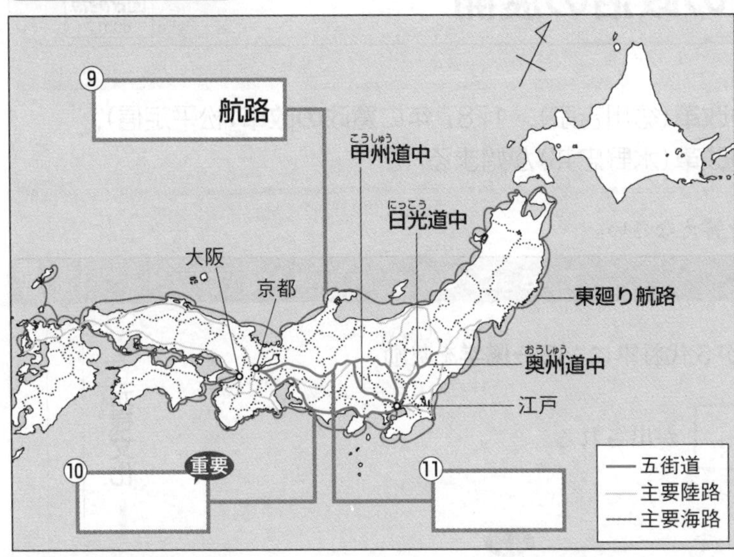

2 寺子屋

庶民の子どもたちを集め，おもに読み・書き・そろばんを教えた。

3 農具の発達

⑫ 土を深く耕せる

⑬ 稲穂から籾をおとす

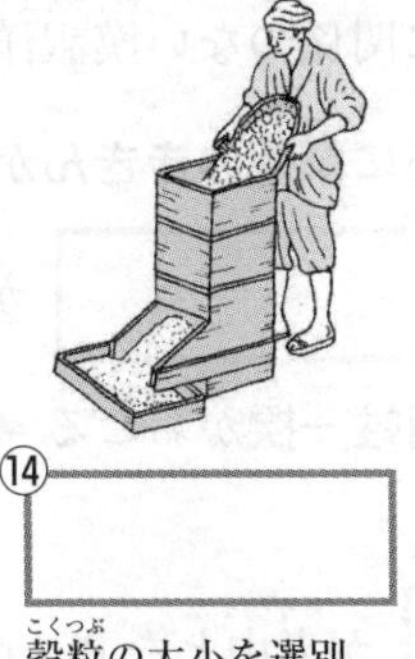

⑭ 穀粒の大小を選別

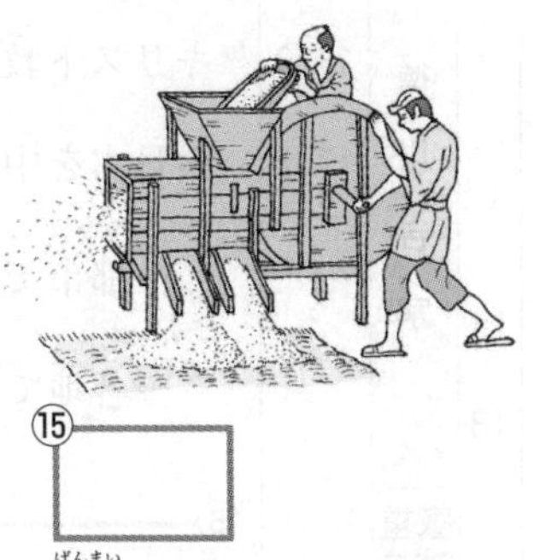

⑮ 玄米・籾がらとゴミを選別

4 江戸時代の三都の繁栄

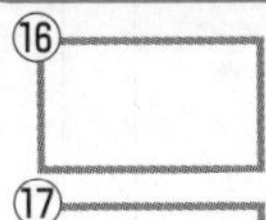

⑯ …「将軍のおひざもと」 人口約100万人

⑰ …「天子様のおひざもと」

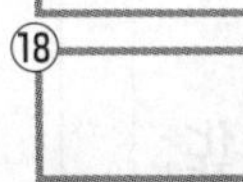

⑱ …**「天下の台所」** 諸藩の蔵屋敷

⑲ 諸藩が大阪に置いた倉庫を兼ねた取引所。ここで米や特産物を販売した。

5 越後屋

当時は後払いが一般的で，その利息分(掛け値)のため値段が高かったが，三井は「現金掛け値なし」(現金取引で安く売る)商法を始め，繁盛した。

読みチェック

● 読めるかな？ A 蝦夷地 B 菱垣廻船 C 飛脚

答 A えぞち B ひがきかいせん C ひきゃく

17 江戸幕府の政治の展開

60017

★ 1716年に**享保の改革**（徳川吉宗），1787年に**寛政の改革**（松平定信），1841年に**天保の改革**（水野忠邦）が始まる

◆□にあてはまる語句や人名を答えなさい。

世紀	将軍	年代	できごと	中国	朝鮮
17	家綱				
	綱吉	1680	①＿＿＿ が5代将軍になる→**儒学**を**奨励** ↳なかでも朱子学が広く学ばれた	元禄文化	
	綱吉	1685	②＿＿＿ が出される ↳極端な動物愛護の法令		
18	家宣				
	家継				
	徳川吉宗	**1716**	③＿＿＿ が ④＿＿＿ **の改革**（重要） を始める ➡1 ↳8代将軍　↳三大改革の最初		
	徳川吉宗	1720	キリスト教に関係のない**漢訳洋書**の輸入を許可→**蘭学**の発達		
	徳川吉宗	1732	西日本を中心に**享保のききん**がおこる ➡2 →都市で ⑤＿＿＿ がおこる ➡2 →各地で**百姓一揆**がおこる ➡2		
	家重				
	徳川家治	1772	⑥＿＿＿ が**老中**となり，政治を行う	清	朝鮮国
	徳川家治	1774	**杉田玄白・前野良沢**らが**『解体新書』**を刊行		
	徳川家治	1782	**天明のききん**がおこる		
	徳川家斉	**1787**	⑦＿＿＿ が老中となり，⑧＿＿＿ **の改革**（重要） を始める ➡1 ↳厳しすぎて，人々から不平が出る		
19	徳川家斉	1833	**天保のききん**がおこる	化政文化	
	徳川家斉	**1837**	大阪で ⑨＿＿＿ **の乱**（重要） がおこる ↳もと幕府の役人で陽明学者による反乱		
	徳川家斉	1840	中国で**アヘン戦争**がおこる		
		1841	老中の ⑩＿＿＿ が ⑪＿＿＿ **の改革**（重要） を始める ➡1		

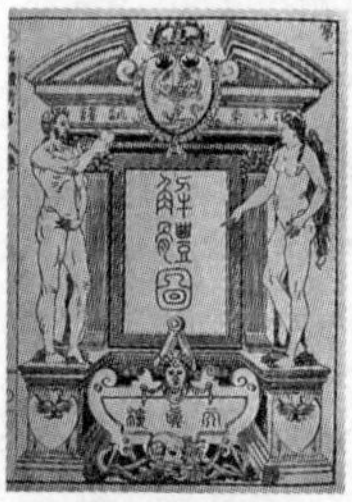

▲『解体新書』

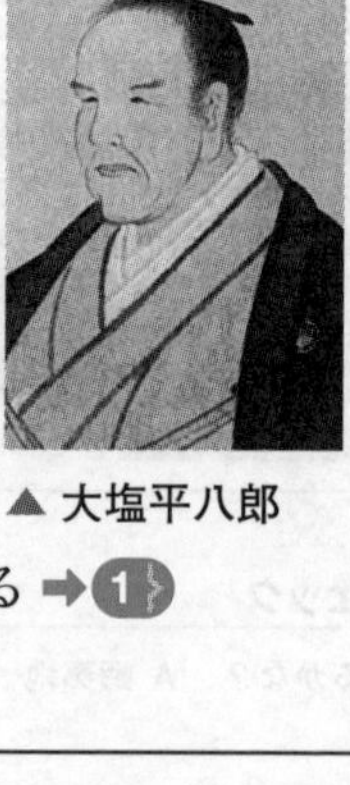

▲大塩平八郎

1 江戸の三大改革

	享保の改革	寛政の改革	天保の改革
中心人物	⑫ [　　]	⑭ [　　]	⑮ [　　]
改革の内容	・⑬ [　　] の制定 ↳裁判の基準 ・目安箱の設置 ↳庶民の意見をとり入れる ・上げ米の制 ↳参勤交代の負担を軽減し，幕府に米を納めさせる ・新田開発の奨励	・朱子学以外の学問を禁止（寛政異学の禁） ・旗本・御家人の借金を帳消し ・ききんに備えて，米を備蓄，贅沢を禁止	・⑯ [　　] の解散 ↳物価の上昇をおさえる ・上地（上知）令 ↳江戸や大阪周辺の土地を幕府領にする計画 ・人返し令 ↳農民の出かせぎを禁止
成果，時代背景など	・幕府財政を一時的に立て直すことに成功	・天明のききんの後の改革 →厳しすぎて失敗 ・ラクスマンの来航 ・打ちこわしの多発	・天保のききんの後の改革 ・中国でアヘン戦争

2 きんと百姓一揆・打ちこわし ＊空欄には，ききん名が入る

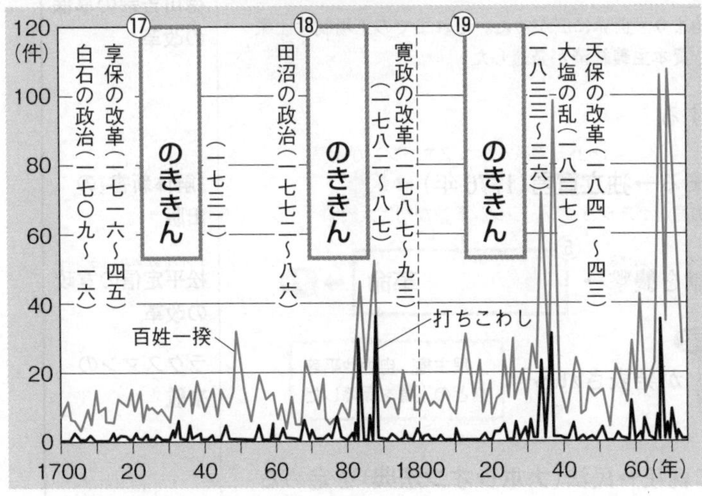

▲百姓一揆や打ちこわしの発生件数

▲打ちこわしのようす

●**百姓一揆**：農村で百姓が年貢の軽減や借金の帳消しなどを求めておこした。

●**打ちこわし**：米価の高騰などで，都市の住民が米屋・質屋を集団で襲った。

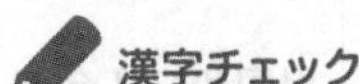
漢字チェック

● 書けるかな？ A 新井はく せき B 杉田げん ぱく C 百姓いっ き

答 A 白石 B 玄白 C 一揆

近代革命

★ 1688年に**名誉革命**がおこる➡1689年，**権利章典**を制定
★ 1789年に**フランス革命**がおこる➡**人権宣言**を発表

◆□にあてはまる語句や人名を答えなさい。

世紀	年代	できごと	日本のできごと
17	1628	イギリス議会がチャールズ1世に ①□ を提出 ↳国王の権力を制限	
	1642	イギリスで**クロムウェル**を中心に ②□革命 ➡1	江戸幕府の鎖国の完成
	1643	フランスで**ルイ14世**が王位につき，1661年から絶対王政を行う ↳「太陽王」とも呼ばれ，「朕(ちん)は国家なり」の言葉で有名	
		歴史の変化　近代革命＝王政を倒し，議会中心の政治を樹立するための運動 ○ 工場制手工業(マニュファクチュア)が発達し，市民階級が力を持ち始めた ○ 啓蒙思想(理性を重視し，非合理的なものを批判)が広まった ➡2	
	1688	イギリスで ③□革命 がおこる ➡1	
	1689	イギリスで ④□(重要) が制定される ➡1	
18		▸**立憲君主制**と**議会政治**が始まる	
		歴史の変化　産業革命 18世紀半ばにイギリスで始まり，世界に広がった。それまでの工場制手工業が工場制機械工業にかわり，資本主義経済が発達した	徳川吉宗の享保の改革
	1769	**ワット**が**蒸気機関**を改良する	
	1775	↱トーマス・ジェファーソンが起草 アメリカで**独立戦争**が始まる→**独立宣言**(1776年) ➡3 ↳独立軍の総司令官だったジョージ・ワシントンが初代大統領	『解体新書』の出版
	1789	パリ市民がバスチーユ牢獄を襲撃→ ⑤□革命 ➡4	松平定信の寛政の改革
	1789	フランスで ⑥□(重要) が発表される＜人民主権，自由や平等などの人権を保障した	ラクスマンの来航
19	**1804**	⑦□ が皇帝に就任→民法(**ナポレオン法典**)を定める ↳私有財産の尊重など	
	1807	フルトンによる蒸気船の実験が成功する	
	1825	**スチーブンソン**が**蒸気機関車**を改良し，実用化	異国船打払令が出される

1 イギリス市民革命

16～18世紀	1628	→	1642	⟶	1688	1689
絶対王政の時代	**権利の請願**提出	国王は無視	**ピューリタン革命**国王処刑	ジェームズ2世専制政治を復活	**名誉革命**国王追放	**権利章典**承認させる

●権利の請願とピューリタン革命

議会が**チャールズ1世**に対し，権利の請願を出して，議会の承認なしに課税しないこと，法律によらないで国民を逮捕しないこと，などを要求した。しかしチャールズ1世はこれを無視した。その結果，**クロムウェル**を中心に**ピューリタン革命**がおこり，チャールズ1世は処刑され，共和政治が行われた。

●名誉革命と権利章典

専制政治を復活させたジェームズ2世を議会は追放し，**ウィリアム3世**と**メアリ2世**をむかえた(**名誉革命**)。

議会はウィリアム3世とメアリ2世に議会の要求を提出し，承認させた(**権利章典**)。

権利章典(要約)

1．議会の承諾(しょうだく)なしに，王権によって法律または法律の執行(しっこう)を停止する虚偽(きょぎ)の権力は違法である。

6．議会の承認によらなければ，平時に王国内で常備軍を徴集し，または維持することは違法である。

2 啓蒙思想家

思想家	内容	おもな著書	影響
⑧ [　　　] (イギリス)	人民が政府をつくる権利(**社会契約**(けいやく)**説**)	**『市民政府二論』**	名誉革命やアメリカ独立戦争
⑨ [　　　] (フランス)	**人民主権**	**『社会契約論』**	フランス革命
⑩ [　　　] (フランス)	**三権分立**	**『法の精神』**	

3 アメリカの独立戦争

▲アメリカの13州植民地

独立宣言(要約)

われわれは，次の真理を自明(じめい)のものと認める。すべての人は平等に創(つく)られていること。彼らは，その創造者によって，一定の譲(ゆず)れない権利を与えられていること。……

4 フランス革命

◀**バスチーユ牢獄の襲撃**
政治犯を収容していた牢獄は絶対王政の象徴であった。

人権宣言(要約)

1．人間は生まれながらにして自由かつ平等な権利を持っている。社会的な差別は，一般の福祉(ふくし)に基づく以外にはありえない。

2．あらゆる政治的結合の目的は，天賦(てんぷ)にして不可侵(ふかしん)の人権を維持することにある。その権利とは自由，財産所有，安全および圧政に対する抵抗(ていこう)である。

▲**人権宣言のとびら絵**

ここに注意！

- イギリス名誉革命後に制定されたのは，権利章典。
- フランス革命後に発表されたのは，人権宣言。

19 欧米諸国のアジア侵略

★ 1840 年にアヘン戦争➡1842 年に南京条約で講和
★ 1857 年にインド大反乱➡1877 年にインド帝国が成立

◆□にあてはまる語句や人名を答えなさい。

世紀	年代	できごと	日本のできごと
18	1757	**プラッシーの戦い**に勝利したイギリスがインドを支配 ↳インドの支配権をめぐるフランスとの戦い	
		▸このころ，イギリスの**東インド会社**が中国(清)と貿易を始める ➡❶	
19	**1840**	中国で ①[　　　**戦争**]（重要） が始まる ➡❷ 欧米諸国は，アジアに原料供給地と市場を求めて進出した	天保の改革
	1842	→ ②[　　　**条約**] が結ばれる **条約の内容** ① 香港をイギリスに譲る→ 1997 年に中国に返還 ② 広州・上海など５港を外国に開く→自由貿易 ③ イギリスに領事裁判権(治外法権)を認める ④ 清は関税を決める権限(関税自主権)を持たない	
	1848	フランスで二月革命がおこる→男子普通選挙を実施	
	1857	③[　　　] がおこる→インドがイギリスの直接支配下へ ↳インドでおこった，イギリス支配に対する反乱	
	1858	④[　　　**帝国**] が滅亡する	日米修好通商条約
	1861	アメリカで ⑤[　　　**戦争**]（重要） が始まる	
	1861	イタリア王国が成立する	
	1861	ロシアで農奴の解放が行われる	
	1863	アメリカの ⑥[　　　**大統領**] が**奴隷解放宣言**を発表 ➡❸	薩英戦争 大政奉還
	1871	**ビスマルク**によって**ドイツが統一**される	
	1877	⑦[　　　**帝国**] が成立→イギリスの女王がインド皇帝を兼ねる	西南戦争

▲ アヘン戦争

1 イギリス・中国・インドの貿易

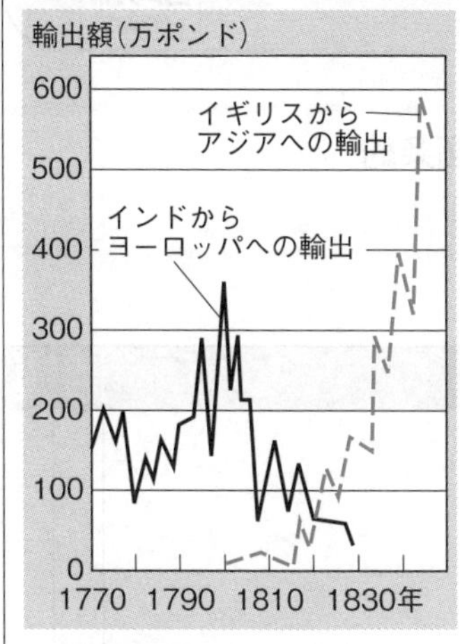

▲ **綿織物の輸出の変化**

イギリスは産業革命の結果，大量に生産された綿製品をインドに売りこみながら支配を広めた。

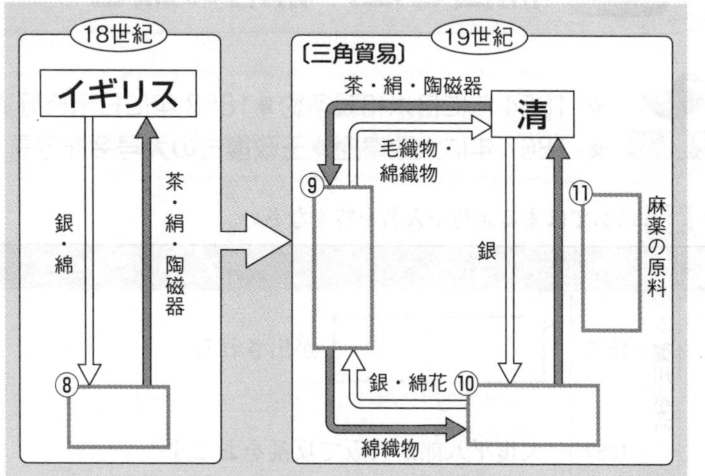

18世紀，イギリスでは茶を飲む習慣が広がり，中国からの茶の輸入が増加した。茶の代価として銀が大量に中国(清)へ輸出された。そこでイギリスはインドでアヘンを栽培させ，茶の代価にアヘンを中国へ輸出した。

2 19世紀中ごろのアジア

＊空欄には，国名が入る

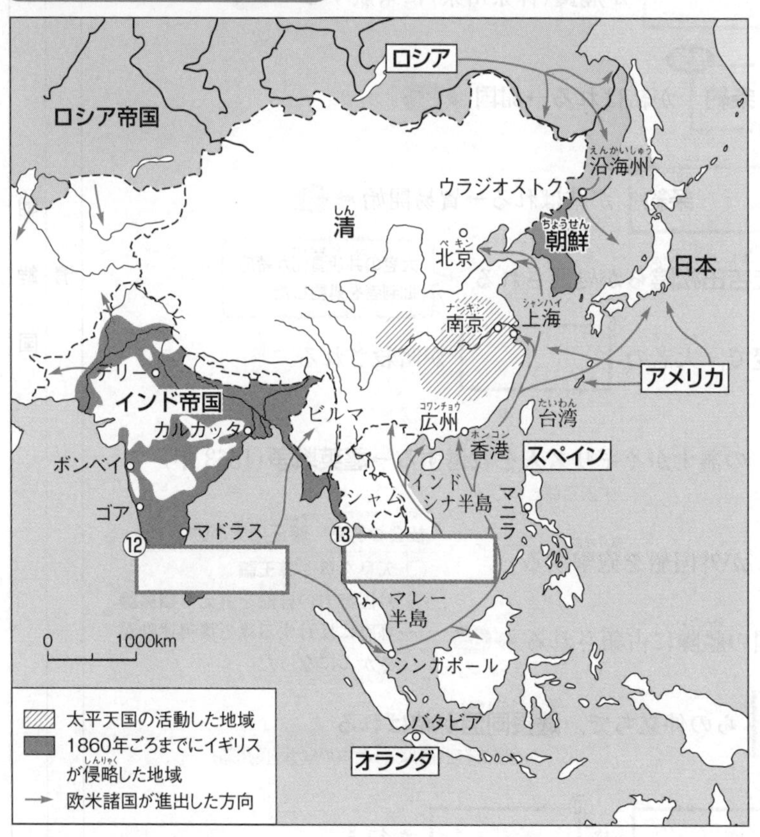

3 リンカン

アメリカ合衆国第16代大統領。南北戦争中，ゲティスバーグで行った演説で「**人民の，人民による，人民のための政治**」を訴えた。

ここに注意！

- 19世紀半ばに**中国**(清)で広がった反乱は，**太平天国の乱**。
- 19世紀半ばに**インド**で広がった反乱は，**インド大反乱**。

4章

20 開国と江戸幕府の滅亡

★ 1854年に**日米和親条約**➡1858年に**日米修好通商条約**
★ 1867年に**大政奉還**➡**王政復古の大号令**を宣言

◆□にあてはまる語句や人名を答えなさい。

世紀	将軍	年代	できごと	中国	朝鮮
19	徳川家斉	1825	①［　　　］が出される（↳外国船の打ちはらい）	清	朝鮮国
	徳川家斉	1837	大塩平八郎が大阪で反乱をおこす		
	徳川家慶	1839	**蛮社の獄**で**高野長英**・**渡辺崋山**らが処罰される		
	徳川家慶	1840	中国で**アヘン戦争**→南京条約で，香港がイギリス領へ		
	徳川家慶	1841	水野忠邦が天保の改革をはじめる		
	徳川家慶	1853	アメリカの②［　　　］重要 が**浦賀**(神奈川県)に来航する➡1		
	徳川家定	**1854**	③［　　　条約］重要 が結ばれる→開国➡2		
	徳川家定	**1858**	④［　　　条約］重要 が結ばれる→貿易開始➡2		
	徳川家茂	1858	**安政の大獄**で**吉田松陰**らが処罰される（大老の井伊直弼が幕府批判者を処罰した）		
	徳川家茂	**1860**	**桜田門外の変**で，大老の⑤［　　　］が暗殺される		
	徳川家茂	1862	⑥［　　　藩］の藩士がイギリス人を殺傷する→**薩英戦争**(1863年)（生麦事件という↵）		
	徳川家茂	1863	⑦［　　　藩］が外国船を砲撃する		
	徳川家茂	1864	下関が4か国の艦隊に占領される➡3		
	徳川慶喜	**1866**	⑧［　　　］らの仲立ちで，**薩長同盟**が結ばれる（↳もと土佐藩士）（↳西郷隆盛(薩摩藩)と木戸孝允(長州藩)）		
	徳川慶喜	**1867**	15代将軍⑨［　　　］が⑩［　　　］を行う（↳政権を朝廷に返上した）		
			→**王政復古の大号令**で，天皇中心の政治の復活を宣言した		

社会の特色　尊王攘夷運動
○ 天皇を尊ぶ**尊王論**
○ 外国勢力の排除を訴える**攘夷論**
→幕府に反対する尊王攘夷運動がさかんになった

1 ペリーの来航

▲ペリー

1853年，アメリカの東インド艦隊(かんたい)司令長官のペリーは，４隻(せき)の船で琉球(りゅうきゅう)をへて，小笠原(おがさわら)に上陸したあと，江戸湾(えどわん)に入り，幕府に開国を求めた。1854年に再び来航したペリーは，日米和親条約の締結(ていけつ)を求めた。

2 外国人の来航と開国

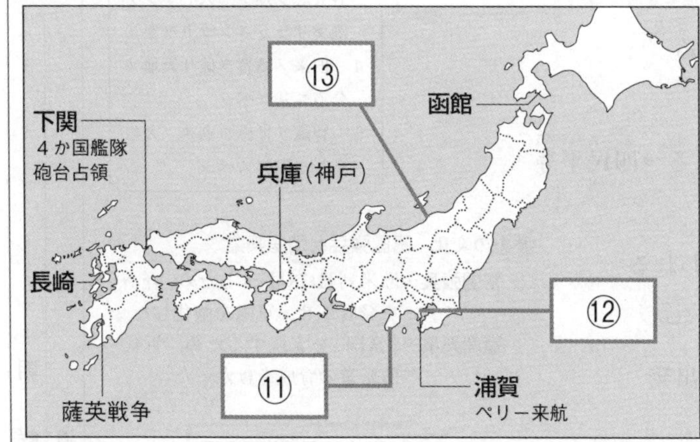

日米和親条約

- ⑪［　　　］と函館(はこだて)の２港を開く
- 水・食料・燃料の補給を許可する

＊開国は認めたが，貿易は行わず

日米修好通商条約

井伊直弼が朝廷の許可を得ず結ぶ

- ⑫［　　　］・⑬［　　　］・兵庫(神戸)・函館・長崎の５港を開く
- アメリカに⑭［　　　］を認める(外国人を裁く権利がない)
- 日本に⑮［　　　］がない(貿易品にかかる税金の率を決められない)

（⑭・⑮：不平等条約）

3 四か国艦隊の下関占領

長州藩の攘夷決行に対して，イギリス・フランス・アメリカ・オランダの４か国が17隻の軍艦で砲撃(ほうげき)し，下関の砲台(ほうだい)を占領した。

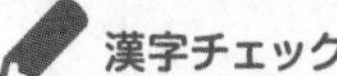
漢字チェック

● 書けるかな？ A ばん しゃの獄　B 吉田しょう いん　C 安政のたい ごく

答 A 蛮社　B 松陰　C 大獄

21 明治維新

★ 1869年に**版籍奉還**➡1871年に**廃藩置県**
★ 1872年に**学制**公布，1873年に**地租改正**実施

◆□にあてはまる語句や人名を答えなさい。

世紀	時代	年代	できごと	中国	朝鮮
19	江戸	1867	**大政奉還**(たいせいほうかん)で江戸幕府の政治が終わる ➡1	清	朝鮮国
	明治時代	**1868**	**五箇条の御誓文**(ごかじょうのごせいもん)が出される ↳新政府による新しい政治の方針		
		1869	①□（注意）が行われる ↳藩主が土地・人民を朝廷に返還する		
		1871	郵便制度が創設される ↳前島密(まえじまひそか)が中心となる		
		1871	②□が出される→四民平等(しみんびょうどう)		
		1871	③□（重要）が行われる ↳藩を廃止し，府県を設置した		
		1871	**岩倉使節団**(いわくら)が欧米に出発		
		1872	④□（重要）が『**学問のすゝめ**』を著す 鉄道開通　新橋駅(東京)～横浜駅		
		1872	**官営模範工場**(かんえいもはん)の**富岡製糸場**(とみおか)**(群馬県)**が設立される ➡2		
		1872	⑤□が公布される→義務教育の開始，小学校の創設		
		1873	⑥□が出される ↳満20歳以上の男子に兵役を課す		
		1873	⑦□（重要）が実施される ➡3 ↳土地所有者が地価の3%(のちに2.5%)を現金で納める		
		1873	**征韓論**(せいかん)(朝鮮を武力で開国させる考え)がおこる		
		1875	**江華島事件**(カンファド／こうかとう)がおこる→翌年，**日朝修好条規**(にっちょうしゅうこうじょうき)が結ばれる		

このころの近代国家に向けた様々な改革を明治維新という。

史料
五箇条の御誓文
1　広ク会議ヲ興(おこ)シ，万機公論(ばんきこうろん)ニ決(けっ)スベシ
2　上下(しょうか)心ヲ一(いつ)ニシテ盛(さかん)ニ経綸(けいりん)ヲ行フベシ
3　官武一途庶民(かんむいっとしょみん)ニ至(いた)ル迄(まで)，各其志(こころざし)ヲ遂ゲ，人心ヲシテ倦(う)マザラシメンコトヲ要ス
4　旧来ノ陋習(ろうしゅう)ヲ破リ天地ノ公道ニ基クベシ
5　智識(ちしき)ヲ世界ニ求メ，大ニ皇基(こうき)ヲ振起スベシ

歴史の変化　富国強兵(ふこくきょうへい)と殖産興業(しょくさんこうぎょう)
○ 富国強兵…欧米列強に対抗するため，経済を発展させ，軍隊を強化した
○ 殖産興業…「富国」を実現するため，近代的産業の育成をはかった

1871年に**日清修好条規**が結ばれる

社会の特色　文明開化
近代化政策により，欧米の文化を積極的にとり入れ，都市を中心に伝統的なくらしが変化した

1 江戸幕府の支配から明治政府へ

江戸幕府勢力の壊滅	**戊辰戦争**…明治政府軍が江戸幕府の勢力に勝利した **鳥羽・伏見の戦い**→江戸城の開城→**会津戦争**→**五稜郭の戦い** ↳函館
新政権の成立	**大政奉還**…江戸幕府の 15 代将軍**徳川慶喜**が政権を朝廷に返還した ⑧［　　　　］…天皇を国の中心とする政治を行うことを宣言した **五箇条の御誓文**…明治政府の方針を，天皇が神に誓う形で発表した
中央集権の確立	**版籍奉還**…大名の支配した土地・人民を朝廷に返還した **廃藩置県**…藩を廃止し，府・県を置いた
民衆の支配	**五榜の掲示**…民衆が守る決まり。キリスト教や一揆などの暴動の禁止など **解放令**…士農工商の身分制度を廃止した ⑨［　　　　］…年貢に代わり，土地所有者に現金での納税を課した
殖産興業	**官営模範工場**…群馬県に**富岡製糸場**などがつくられた
富国強兵	⑩［　　　　］…**満 20 歳以上の男子**に兵役を課した。反対する「血税一揆」がおきる
文明開化	**学制**の公布で，義務教育が始まる **福沢諭吉**が民主主義の思想を，⑪［　　　　］がルソーの思想を紹介した

2 富岡製糸場

明治政府は，殖産興業の政策を進め，近代産業を育成するために官営模範工場をつくった。

3 地租改正

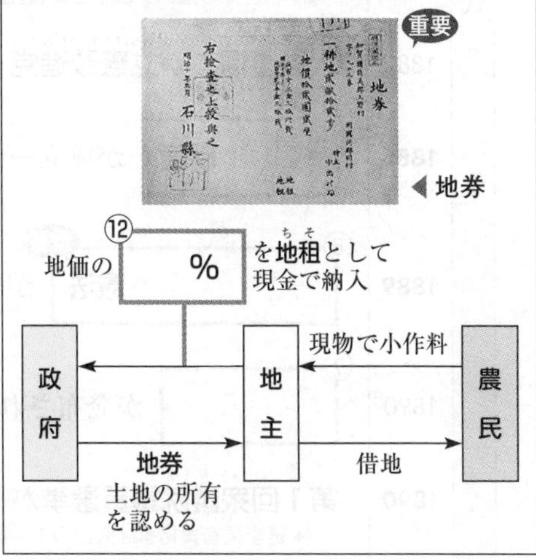

ここに注意！

- 幕府が政権を朝廷に返したことは，大政奉還。
- 藩主が土地と人民を朝廷に返したことは，版籍奉還。

22 立憲政治の始まり

60022

★ 1885 年に**内閣制度**が成立 ➡ 1889 年に**大日本帝国憲法**発布
★ 1890 年に第 1 回**衆議院議員選挙**を実施 ➡ 第 1 回**帝国議会**が開会

◆□にあてはまる語句や人名を答えなさい。

世紀	時代	年代	できごと	中国	朝鮮
19	明治時代	1873	**征韓論**に敗れた**板垣退助**や**西郷隆盛**らが明治政府を去る ➡ 1 **歴史の変化　板垣退助・西郷隆盛の動き** ○ 板垣退助…長州藩・薩摩藩を中心に政治を動かす**藩閥政治**の打倒，国会の開設をめざす**自由民権運動**を進めた ○ 西郷隆盛…1877 年に鹿児島で，不平士族らがおこした**西南戦争**の中心となったが敗れ，自害した	清	朝鮮国
		1874	①□ らが**民撰議院設立の建白書**を政府に提出 →**自由民権運動**の始まり ➡ 2		
		1877	②□**戦争** がおこる→士族最大で最後の戦い		
		1880	**国会期成同盟**が結成される←愛国社が母体		
		1881	**板垣退助**らが ③□**党** を結成する ➡ 3		
		1882	④□ 重要 が憲法調査のためにヨーロッパに派遣される ↳ 君主権の強いプロイセン(現在のドイツ)憲法を手本に憲法草案を作成		
		1882	**大隈重信**らが**立憲改進党**を結成する ➡ 3 4		
		1885	⑤□**制度** が成立→**伊藤博文**が初代内閣総理大臣(首相)になる		
		1889	⑥□**憲法** 重要 が発布される ➡ 6		
		1890	⑦□ が発布される→**忠君愛国**の道徳を示す		
		1890	**第 1 回衆議院議員選挙**が行われる→**議会政治**の始まり ➡ 7 ↳ 選挙権有資格者は人口の 1 %ほど 日本はアジア初の近代的立憲制国家		
		1890	第 1 回 ⑧□ 重要 が開会される		

歴史の変化　琉球処分

政府は，1872 年に**琉球王国**を**琉球藩**とし，1879 年に**沖縄県**とした(**琉球処分**)。

▲ 伊藤博文

1 板垣退助

自由民権運動の後，最初の政党となる**自由党**を結成した。

2 自由民権運動

政治講演会で政府を批判したことにより，講演の中止を命令する警官に対して，民衆が抗議している。

4 大隈重信

政府を追われた後，**立憲改進党**を結成。**早稲田大学**の創設者。

3 政党の成立

政党名	結成年	党首	内容
自由党	1881	**板垣退助**	**フランス**流。普通選挙を実施し，**国民主権**を主張
立憲改進党	1882	**大隈重信**	**イギリス**流。制限選挙を実施し，**立憲君主制**による議会政治を主張

4章

5 津田梅子

岩倉使節団で最初の女子留学生の1人として渡米。

6 大日本帝国憲法

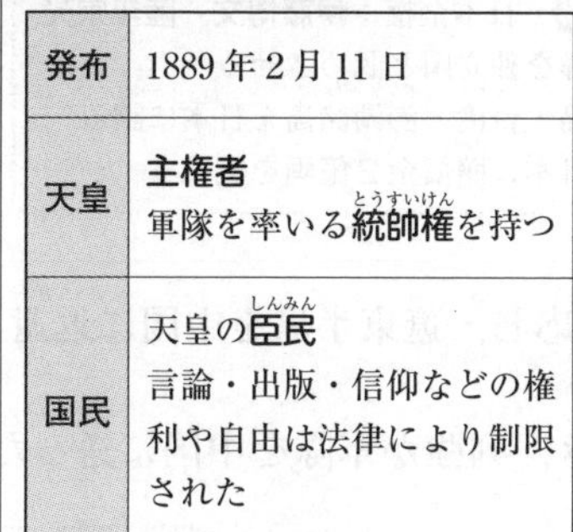

発布	1889年2月11日
天皇	**主権者** 軍隊を率いる**統帥権**を持つ
国民	天皇の**臣民** 言論・出版・信仰などの権利や自由は法律により制限された

▲ 大日本帝国憲法の特色

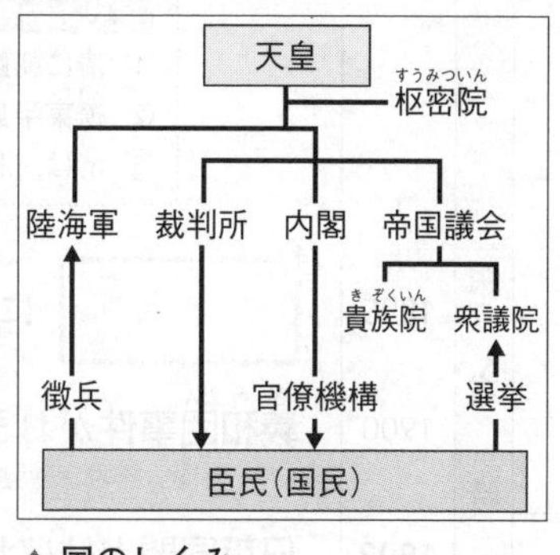

▲ 国のしくみ

7 議会政治の始まり

▲ 第1回衆議院選挙の投票のようす

衆議院	⑩ [　　] 院
●国民の選挙により選出 ●選挙権有資格者は，直接国税 ⑨ [　　] 円 以上を納める**満25歳以上の男子**のみ（＝全人口の1%）	●**天皇の任命を受けた議員** ●皇族・華族の代表 ●多額納税者議員

漢字チェック

● 書けるかな？　A せい かん論　B 立憲かい しん党　C 伊藤ひろ ぶみ

答 A 征韓　B 改進　C 博文

23 日清・日露戦争

60023

★ 1894年に**日清戦争**➡日本の勝利で1895年に**下関条約**
★ 1904年に**日露戦争**➡日本の勝利で1905年に**ポーツマス条約**

◆□にあてはまる語句や人名を答えなさい。

世紀	時代	年代	できごと	中国	朝鮮
19	明治時代	1876	**日朝修好条規**を結ぶ→**朝鮮**の開国（日本に有利な不平等条約）	清	朝鮮国
		1886	**ノルマントン号事件**をきっかけに**条約改正**の要求が高まる➡1		
		1894	朝鮮で**甲午農民戦争**がおこる		
		1894	①□（↳外務大臣）がイギリスとの交渉で**領事裁判権**（**治外法権**）を撤廃		
		1894	②□**戦争**が始まる→翌年，③□**条約**（重要）が結ばれる➡2 条約の内容　日本全権：**伊藤博文**，**陸奥宗光** ① 清に朝鮮を独立国と認めさせる ② **遼東半島**・**台湾**・**澎湖諸島**を日本に譲る ③ 清は，日本に賠償金2億両を支払う		
		1895	④□に応じ，遼東半島を中国に返還した（ロシア・フランス・ドイツが条約内容に介入した）		
		1900	**義和団事件**がおき，列強が軍隊を中国に送った（↳外国人排せき運動）		
20		**1902**	**日英同盟**が結ばれる		
		1904	⑤□**戦争**が始まる➡3 4		大韓帝国
		1905	⑥□**条約**（重要）を締結 条約の内容 日本全権：**小村寿太郎** 仲介：セオドア・ローズベルト米大統領 ○ ロシアは韓国（朝鮮）における日本の優越権を認める ○ ロシアは樺太（サハリン）の南半分（北緯50度以南）を日本に譲る ○ 日本は**旅順**・**大連**地区の租借，東清鉄道の一部を得る		
		1910	⑦□→**朝鮮総督府**を置いて支配する➡5		
		1911	⑧□がアメリカとの交渉で**関税自主権**を回復➡1		
		1911	**辛亥革命**がおこる（**三民主義**を唱えた⑨□が中心）		
		1912	清朝が滅び，**中華民国**が成立する		

1 条約改正

年代	中心人物	内　容
1871	岩倉具視	条約改正の予備交渉 →失敗し，断念
1883	井上　馨	**欧化政策**を進め，東京に ⑩［　　　　］を建設
1894	**陸奥宗光**	イギリスとの交渉で**領事裁判権**（**治外法権**）の撤廃に成功
1911	**小村寿太郎**	アメリカとの交渉で**関税自主権の回復**に成功

▲ **ノルマントン号事件**

1886年，イギリスの貨物船が和歌山県沖で難破した。イギリス人船員は無事救助されたが，日本人乗客25名は全員水死した。

2 日清戦争

▲ **日清戦争の風刺画**

左の**日本**と右の**清**が魚（**朝鮮**）をつり上げようとしている。それを橋の上で，**ロシア**が成り行きを見守っている。

日清戦争の舞台 ▶

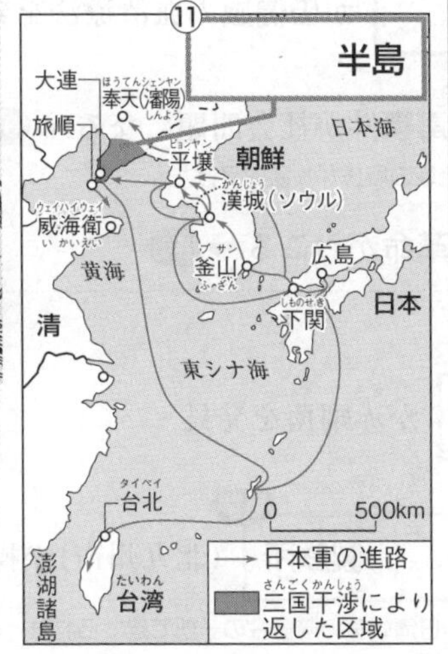

3 日露戦争

▲ **日露戦争の風刺画**

左の人物（**ロシア**）に刀を持った小がらな人物（**日本**）が立ち向かっている。それを**イギリス**が背後からけしかけ（日英同盟），右側の人物（**アメリカ**）はようすを見ている。

4 日露戦争中の社会のようす

〈**日露戦争に反対した人物**〉

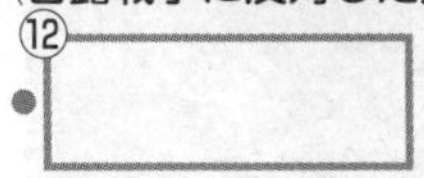

● ⑫［　　　　］
歌人の立場で反対し，出征した弟に「**君死にたまふことなかれ**」という詩をつくった。

● **内村鑑三**　キリスト教の立場で反対した。

● **幸徳秋水**　社会主義者の立場で反対した。

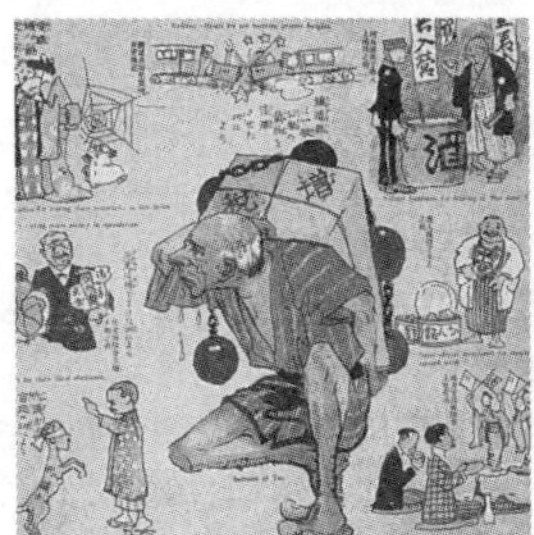

▲ **増税に苦しむ国民**

戦争に必要な戦費を調達するために，増税を進め，国民生活の大きな負担になった。

5 韓国の支配

年代	内　容
1875	**江華島事件**
1876	**日朝修好条規**→朝鮮の開国
1894	**甲午農民戦争**をきっかけに，**日清戦争**がおこる
1895	**下関条約**で，清に朝鮮の独立を承認させる
1905	韓国（朝鮮）に統監府を置く
1909	ハルビン駅で，**伊藤博文**が韓国青年に暗殺される
1910	韓国を併合し（**韓国併合**），**朝鮮総督府**を設置する

漢字チェック

● 書けるかな？　A こう か とう事件　B こう ご農民戦争　C しん がい革命

答 A 江華島　B 甲午　C 辛亥

24 日本の産業革命と文化

★ 日清戦争のころ，**第１次産業革命**(軽工業中心)
★ 日露戦争のころ，**第２次産業革命**(重工業中心)

◆□にあてはまる語句や人名を答えなさい。

世紀	時代	年代	できごと
19	明治時代	1886	義務教育が４年間となる ➡1〉 ／ 明治に始まった義務教育は日露戦争のころにようやく普及した
		1890	**教育勅語**が発布→天皇を中心とする教育
		1890	①［　　　］が**破傷風**の血清療法を発見する ➡2〉
		1891	**足尾銅山鉱毒事件**が社会問題になる ➡3〉 ↳渡良瀬川流域の農民が被害を受けた
		日清戦争のころ	**第１次産業革命**がおこる ➡4〉
		1897	②［　　　］が赤痢菌を発見
20		**1901**	官営の③［　　　］**製鉄所**（北九州市）が操業を開始する ➡5〉 重要 ↳日清戦争の賠償金の一部で建てられた
		1901	④［　　　］が足尾銅山の鉱毒問題を天皇に直訴する 重要
		日露戦争のころ	**第２次産業革命**がおこる
		1905	**夏目漱石**が『**吾輩は猫である**』を出版する
		1907	義務教育が６年間となる
		1911	**平塚らいてう**らによって，雑誌『**青鞜**』が刊行される ➡6〉 ↳女性の解放を主張した
	大正	1918	⑤［　　　］が**黄熱病**の病原体を研究する ➡7〉

第１次産業革命：軽工業が中心
- ○ 官営工場の払い下げが近代産業の発達のきっかけ
- ○ 紡績業・製糸業など**繊維工業**が発達
- ○ 女性工員らの過酷な労働条件

第２次産業革命：重工業が中心
① 日清戦争の賠償金の一部で建設された**八幡製鉄所**が基礎
② 造船・金属・機械など重工業が発達
③ 三井・三菱・住友・安田などの**財閥**が形成された

▲夏目漱石

1 教育の普及

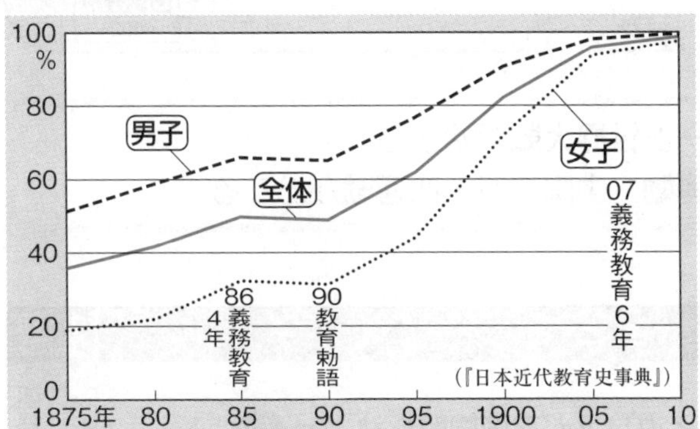

▲ 就学率(小学校)の変化

2 北里柴三郎

ドイツに留学し，細菌学者コッホに学ぶ。1890年，破傷風の血清療法を発見した。

3 公害の発生

⑥

生涯を通じて足尾銅山の鉱毒問題に取り組んだ。

4 第1次産業革命

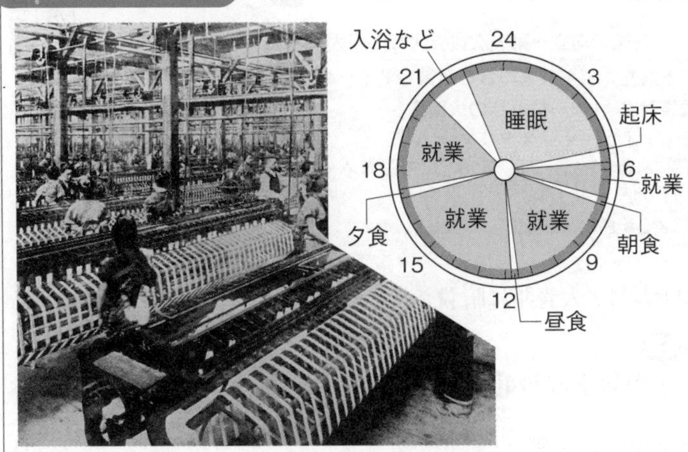

▲ 1883年に創業した大阪の紡績工場のようす

機械化が進んでいる一方で，女性工員の過酷な労働があった。右上のグラフは工女の過酷な労働時間を表している。

15 万t
(『日本経済統計集』)
国内生産量
10
5
輸出量
輸入量
0
1890 1892 1894 1896 1898年

▲ 綿糸の生産と貿易

日清戦争後に輸出が輸入を上まわっているのがわかる。

5 八幡製鉄所

日本の重工業発達のきっかけとなる。

6 女性解放運動

▲ 平塚らいてう

青鞜社の宣言

「元始，女性は実に太陽であった。真正の人であった。今，女性は月である。他によって生き，他の光によってかがやく，病人のように青白い顔の月である」と述べ，女性の自立を訴えた。

7 野口英世

細菌学者。アフリカで黄熱病の研究中に感染し，死去した。

読みチェック

● 読めるかな？ A 北里柴三郎 B 夏目漱石 C 青鞜

答 A きたざとしばさぶろう B なつめそうせき C せいとう

第一次世界大戦

★ 1914 年に**サラエボ事件**➡**第一次世界大戦**が始まる
★ 1919 年に朝鮮で**三・一独立運動**，中国で**五・四運動**がおこる

◆[　　]にあてはまる語句や人名を答えなさい。

世紀	時代	年代	できごと	中国	朝鮮
19	明治時代	1882	①[　　　　]（注意）・**オーストリア・イタリア**が**三国同盟**を結ぶ ➡1	清	朝鮮国
		1907	**イギリス・フランス・ロシア**による**三国協商**が成立 ▸このころ，植民地政策をめぐる対立がおこる ➡2 歴史の変化　ヨーロッパ諸国の対立→第一次世界大戦の原因 ○ 植民地政策をめぐる対立：イギリスの３Ｃ政策vsドイツの３Ｂ政策 ○ バルカン半島の民族対立：「ヨーロッパの火薬庫」 ・汎ゲルマン主義…ドイツ・オーストリア ↳ゲルマン民族による半島統一を実現しようとする考え ・汎スラブ主義…ロシア ↳スラブ民族による半島統一を実現しようとする考え		大韓帝国
	大正時代	1914	オーストリア皇太子がセルビア人青年に暗殺される（②[　　　　]**事件**） ↳バルカン半島の中心都市	中華民国	（日本による支配）
		1914	③[　　　　]（重要）が始まる ➡3 →日本は**日英同盟**を理由に参戦		
20		**1915**	日本が中国に④[　　　　]をおしつける ➡4		
		1917	⑤[　　　　]**革命**　→**レーニン**が社会主義政権を樹立 ↳革命の指導者		
		1919	朝鮮で⑥[　　　　]**運動**，中国で⑦[　　　　]**運動**がおこる		
		1919	パリ講和会議で，⑧[　　　　]**条約**が結ばれる		
		1919	ドイツで**ワイマール憲法**が制定される ▸このころ，インドで，**ガンディー**が**非暴力・不服従**を唱える		
		1920	アメリカ大統領**ウィルソン**の提案で⑨[　　　　]（重要）が設立 ➡5 ↳民族自決を唱える		
		1921	⑩[　　　　]（重要）**会議**が開かれ，各国の主力艦が制限される ┐軍縮の会議		
	昭和時代	1930	**ロンドン海軍軍縮会議**が開かれ，補助艦が制限される ┘ ➡6		

1 第一次世界大戦中の同盟関係

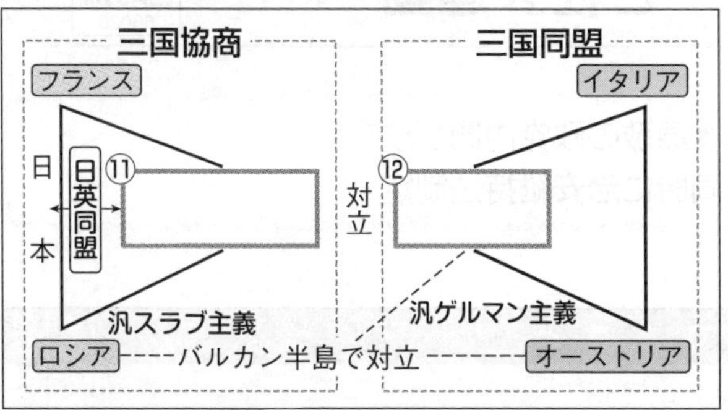

2 植民地政策の対立

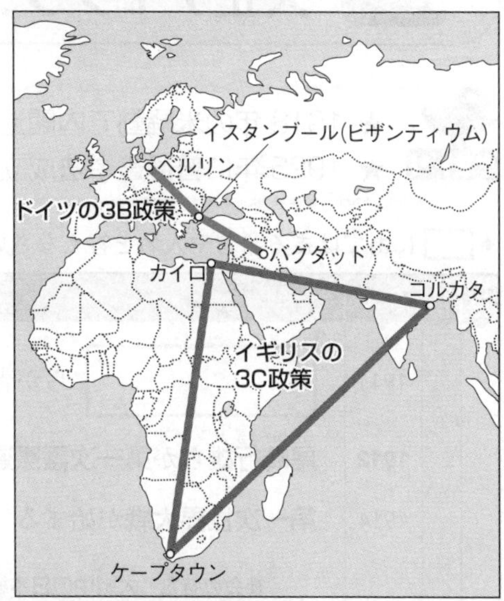

3 第一次世界大戦のころのヨーロッパ

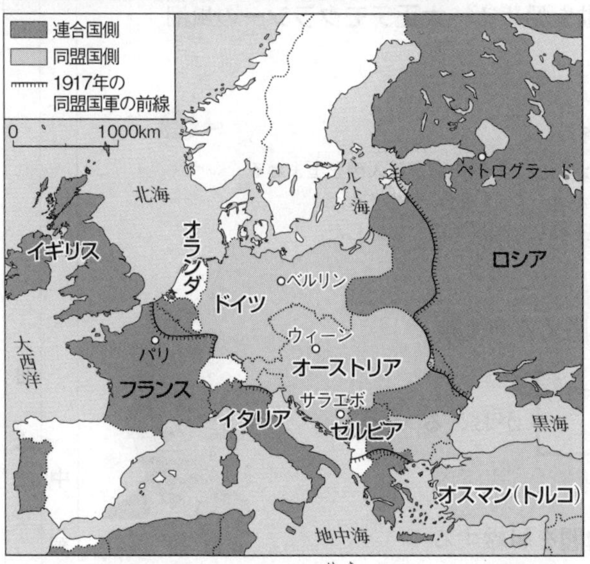

＊イタリアは1915年に三国同盟を破棄(はき)して連合国側に参戦した

4 二十一か条の要求

1. ドイツが山東省(シャントン/さんとう)に持っているいっさいの権利を日本にゆずる。
2. 日本の旅順(リュイシュン/りょじゅん)・大連(ターリエン/だいれん)の租借の期限，南満州(まんしゅう)鉄道の期限を延長する。
3. 南満州・東部内蒙古(うちもうこ)における鉱山の採掘(さいくつ)権を日本国民に許可する。
4. 福建省(フーチエン/ふっけん)を他国に渡さず，日本の勢力圏にする。

5 国際連盟

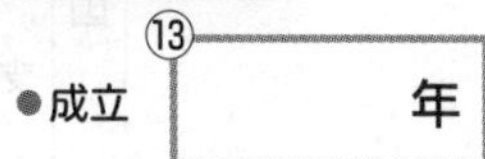

- **成立** ⑬　　年
- **本部** スイスの**ジュネーブ**
- **加盟国** 設立時42か国，アメリカは不参加
  ドイツは1926年加盟，ソ連は1934年加盟
- **議決方法** 全会一致

新渡戸稲造(にとべいなぞう)
国際連盟の事務局次長を務めた。
また，英語で『武士道』を著し，日本人の精神を世界に紹介した。

6 第一次世界大戦後の軍縮会議

1921年 **ワシントン会議**	●**海軍軍縮条約** **主力艦の制限** 主力艦の建造禁止 ●**四か国条約** **日英同盟を廃止** 太平洋地域の現状維持 ●**九か国条約** 中国の独立と主権を尊重する
1930年 **ロンドン海軍軍縮会議**	補助艦の制限 日本はアメリカやイギリスの約7割に制限

ここに注意！

- ドイツ・オーストリア・イタリアが結んだのは，三国同盟。
- イギリス・フランス・ロシアが結んだのは，三国協商。

26 大正デモクラシーと社会運動

★ 1918 年の**米騒動**で内閣退陣 ➡ **原敬**の**政党内閣**が成立
★ 1925 年に**普通選挙法**成立 ➡ 同時に**治安維持法**制定

◆［　　］にあてはまる語句や人名を答えなさい。

世紀	時代	年代	できごと	中国	朝鮮
20	大正時代	1911	①［　　　　］らが青鞜社をつくる	中華民国	（日本による支配）
		1912	**尾崎行雄**らが**第一次護憲運動**を始める→**大正デモクラシー**の風潮		
		1914	**第一次世界大戦**が始まる		
			社会の特色　大戦中の日本経済 ○ アジア・アメリカへの輸出が増加し，**輸出額が輸入額を上まわる** ○ 鉄鋼・造船・海運業の発展が著しく，「**成金**」が生まれた ○ 国内では品不足から**物価が上昇**し，国民生活を圧迫した　➡ 1		
		1916	②［　　　　］が**民本主義**を唱える ➡ 2		
		1918	米の安売りを求めて ③［　　　　］（重要）がおこる ➡ 3 ↳ 富山県から全国へ拡大		
		1918	④［　　　　］が本格的な**政党内閣**を組織する		
		1922	**部落解放**を求め，⑤［　　　　］が結成される ➡ 4		
		1922	**小作争議**が激しくなる→**日本農民組合**が結成される		
			社会の特色　社会運動 ○ **労働争議**…労働者の権利・賃金の引き上げを求める ○ **小作争議**…農民が小作料の引き下げを求める ○ **婦人解放運動**…女性の地位向上や権利を求める ○ **部落解放運動**…差別をなくす→**全国水平社**の結成		
		1923	⑥［　　　　］がおこる→混乱の中，社会主義者・朝鮮人が虐殺された		
		1924	**第二次護憲運動**が始まる→**加藤高明**内閣が成立（以降，五・一五事件まで政党内閣が続く）		
		1925	社会主義運動を取りしまる ⑦［　　　　］法（重要）が制定される（このころ**ラジオ放送**がはじまる）		
		1925	⑧［　　　　］法（重要）を定め，政治に参加する権利を拡大した ➡ 5 6		

▲原敬

1 大戦中の日本経済

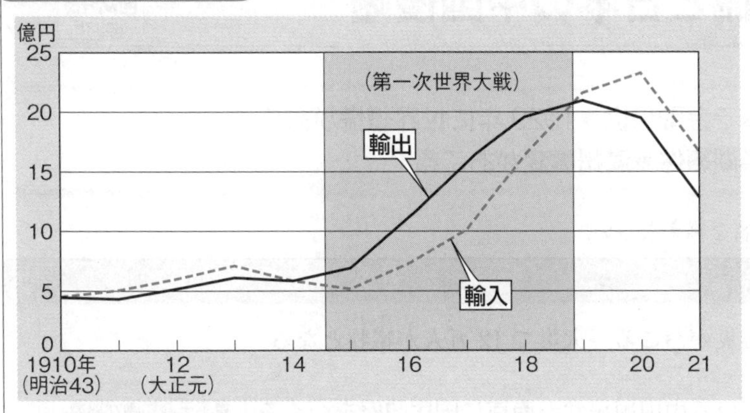

▲ **大戦中の日本の輸入額と輸出額**
アジア諸国は戦争で欧米からの物資の輸入がとだえ，かわりに日本から輸入したので，日本の輸出額は輸入額を一時的に上まわった。

▲ **成金の風刺画**
料亭の玄関で，女中が「暗くて履き物が見えない」というと，お札を燃やして「どうだ明るくなっただろう」という男性。

2 吉野作造

吉野は天皇の主権を認めたので，「民主主義」とせず「**民本主義**」と名づけた。彼の主張は**大正デモクラシー**に影響を与えた。

3 米騒動

▲ **米騒動のようす**
シベリア出兵を見こんだ米屋が米の値段を上げたり，売り惜しみをしたりしたので，**富山県**の主婦が米の安売りを求めて立ち上がり，全国に暴動が拡大した。

4 全国水平社の結成

▲ **差別との戦いを訴える少年**
「全国に散在する部落の人々よ，団結せよ。…われわれは，心から人生の熱と光を求めるものである。**…人の世に熱あれ，人間に光りあれ。**」(水平社宣言)

5 普通選挙運動

▲ **普通選挙を求めるデモのようす**
先頭の人物は**尾崎行雄**。

6 選挙権の拡大

選挙法の改正年	有権者の資格		国民に占める割合
	直接国税	年齢・性別	
1889	**15円以上**	**25歳以上の男子**	1%
1919	3円以上	25歳以上の男子	5.5%
1925	**なし**	**25歳以上の男子**	21%
1945	なし	20歳以上の男女	50%

1925：⑨ [　　　　] の実施

漢字チェック

● 書けるかな？　A ごけん運動　B みんぽん主義　C 加藤たかあき

答 A 護憲　B 民本　C 高明

27 世界恐慌と日本の中国侵略

60027

さきドリ
★ 1927年に日本で金融恐慌➡1929年に世界恐慌がおこる
★ 1931年に柳条湖事件➡満州事変がおこる

◆ □ にあてはまる語句や人名を答えなさい。

世紀	時代	首相	年号	できごと	中国
20世紀	大正	若槻(わかつき)	1923	関東大震災がおこる→火災で12万人が犠牲(ぎせい)となる	中華民国
	昭和時代	田中義一(ぎいち)	1927	蔣介石(チャンチェシー/しょうかいせき)率いる中国国民党が南京(ナンキン)に国民政府をつくる	
			1929	アメリカの株価暴落(かぶかぼうらく)から ① □ がおこる ➡ 1 2 ↳ ニューヨークのウォール街 〔資本主義諸国が急激な不景気におちいる〕	
		浜口雄幸(はまぐち おさち)		歴史の変化 恐慌の対策 ◎ もてる国…植民地を持ち，自力で恐慌を乗りきることができる国 ○ アメリカ…ローズベルト大統領がニューディール(新規まき直し)を実施 ○ イギリス…本国と植民地で自給自足をはかる(ブロック経済政策) ◎ もてない国…自力で恐慌を乗りこえることができず，② □ 体制 をとり，周辺国を侵略(しんりゃく)した国 ○ ドイツ…③ □ 率いる ④ □ 党 の独裁政治，ヨーロッパ 諸国侵略，ユダヤ人を迫害(はくがい) ○ イタリア…⑤ □ 率いるファシスト党の独裁，エチオピア侵攻 ○ 日本…軍部が台頭(たいとう)し，大陸へ進出することで景気の回復をはかった	
		若槻礼次郎(れいじろう)	1931	奉天(ほうてん)近郊で，南満州(みなみまんしゅう)鉄道を爆破する(柳条湖事件(リウティアオフー/りゅうじょうこ))	
			1931	日本軍が満州に進出し全土を占領する(⑥ □ 重要)	
			1932	日本が満州国を建国し，溥儀(プイ/ふぎ)(清王朝最後の皇帝)を元首にする	
		犬養毅(いぬかい つよし)	1932	国際連盟からリットン調査団が派遣(はけん)される ➡ 3	
			1932	海軍の青年将校(しょうこう)らが⑦ □ 事件 をおこし，⑧ □ 首相 を殺害 ➡ 4 ↳ 政党内閣が終わり，軍人が政治に強く介入(かいじゅう)するようになる	
		斎藤実(さいとう まこと)	1933	日本は⑨ □ から脱退(だったい)し，国際的に孤立(こりつ) ➡ 5 〔斎藤実内大臣や高橋是清蔵相ら〕	
		岡田啓介(おかだ けいすけ)	1936	陸軍の青年将校らが⑩ □ 事件 注意 をおこし，大臣などを殺害 ↳ 軍部の力が拡大し，日本が軍国主義にかたむいた ➡ 4	

1 世界恐慌への各国の対策

1929年，アメリカのニューヨークで株価が暴落すると，世界中が不景気におちいった。ローズベルト大統領はニューディールでTVA（テネシー川総合開発）などの公共事業を行い，景気回復をはかった。

2 各国の失業者の割合

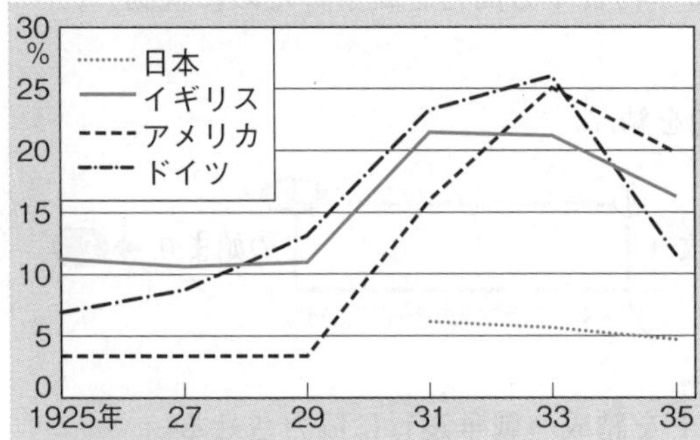

3 リットン調査団

国際連盟が派遣したイギリスのリットンを団長とする調査団が，**南満州鉄道爆破事件**の現場を調べているようす。

4 軍部の台頭

▲五・一五事件で暗殺された犬養毅首相

◀二・二六事件
東京の中心部を占拠した部隊に投降を呼びかけるアドバルーン。

5 日本の国際連盟脱退

聯盟よさらば！遂に協力の方途尽く

我が代表堂々退場す
四十二対一票 棄権

支那側勧告受諾
第六項の権利強調

けふ閣議で正式に
脱退方針を決定

国際連盟で満州国の取り消しが決まると日本は国際連盟を脱退し，国際社会から孤立した。

6 要点の整理

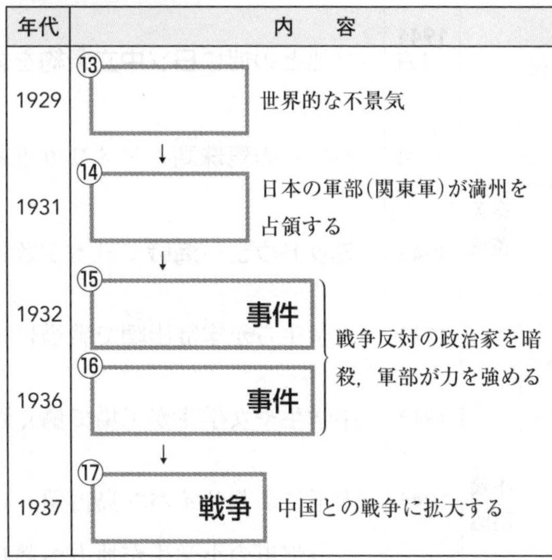

年代	内容
1929	⑬［　　　］ 世界的な不景気
1931	⑭［　　　］ 日本の軍部（関東軍）が満州を占領する
1932	⑮［　　　］事件 戦争反対の政治家を暗殺，軍部が力を強める
1936	⑯［　　　］事件 （同上）
1937	⑰［　　　］戦争 中国との戦争に拡大する

ここに注意！

- 1932年に海軍の将校が首相を殺害したのは，五・一五事件。
- 1936年に陸軍の将校が官邸などを襲撃したのは，二・二六事件。

28 第二次世界大戦と太平洋戦争

60028

★ 1939 年にドイツがポーランドに侵攻➡**第二次世界大戦**へ
★ 1941 年に日本が真珠湾(ハワイ)を攻撃➡**太平洋戦争**へ

◆ ＿＿ にあてはまる語句や人名を答えなさい。

時代	首相	年号	できごと
昭和時代	近衛文麿	**1937**	北京郊外で**盧溝橋事件**がおこる→ ①[　　　] **戦争** へ発展 ➡1
			→首都の**南京**を日本軍が攻撃し，多くの人民を殺害した(南京事件)
		1938	②[　　　] **法** (重要) が定められる→物資や労働力を戦争のために統制
	平沼騏一郎	**1939** 8月	ドイツが，ソ連と**独ソ不可侵条約**を結ぶ
	阿部信行	9月	ドイツ軍が ③[　　　] に侵攻→ ④[　　　] (重要) の始まり ➡2 ↳ドイツ軍の侵攻に対して，イギリス・フランスがドイツに宣戦
		1940	政党を解散させ，⑤[　　　] を結成→戦争遂行に協力させる
	近衛文麿	**1940**	⑥[　　　] **同盟** (注意) が結ばれる ↳日本・ドイツ・イタリア
		1941 4月	ソ連との間に**日ソ中立条約**を結ぶ
	東条英機	12月	ハワイの**真珠湾**のアメリカ軍基地を奇襲→ ⑦[　　　] **戦争** (重要) の始まり ➡1
		1942	**ミッドウェー海戦**で日本が敗退し，日本の戦況が悪化する
		1943	大学生らが**学徒出陣**で戦場に送られる
		1943	中学生や女学生が工場で働く**勤労動員**がはじまる
	小磯国昭	1944	米軍によりサイパン島占領，日本への**本土空襲**が始まる →都市の小学生が地方へ避難する**学童疎開**が始まる

1 日本の大陸進出

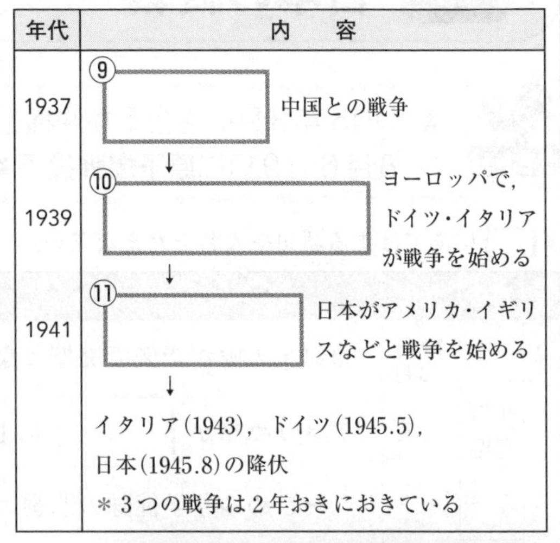

年代	内容
1937	⑨ [　　] 中国との戦争
1939	⑩ [　　] ヨーロッパで，ドイツ・イタリアが戦争を始める
1941	⑪ [　　] 日本がアメリカ・イギリスなどと戦争を始める
	イタリア(1943)，ドイツ(1945.5)，日本(1945.8)の降伏
	＊3つの戦争は2年おきにおきている

⑫ [　　] への攻撃

戦争を拡大する日本に対して，アメリカ・イギリスなどは経済封鎖(ABCD包囲陣)を行った。その結果，日本は戦争を決意し，アメリカの軍事基地を攻撃した。

2 第二次世界大戦中のヨーロッパ

＊空欄には国名が入る

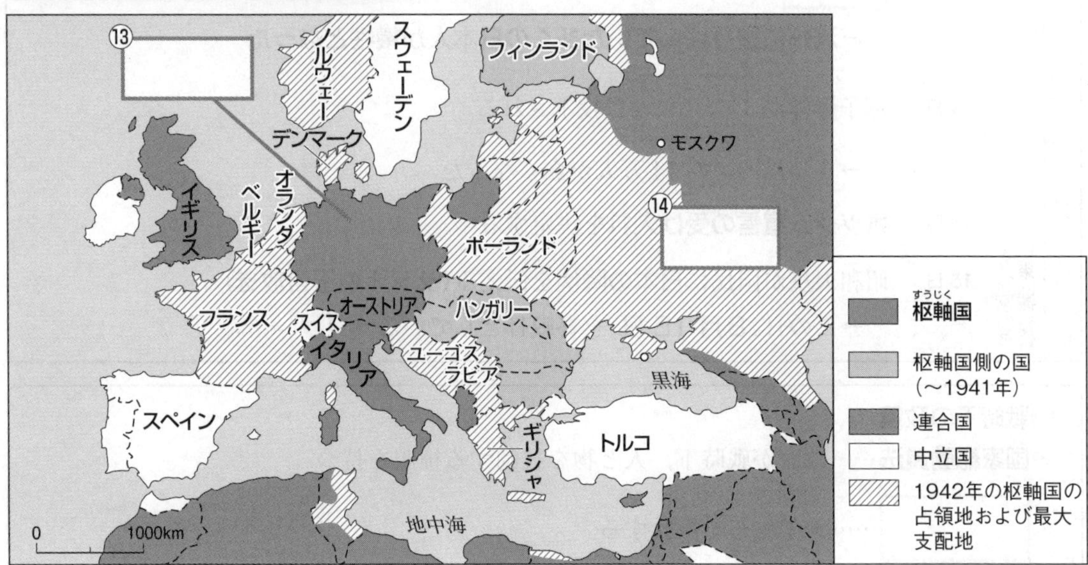

ここに注意！

- **日独伊三国同盟**を結んだのは，**近衛文麿**内閣。
- アメリカとの戦争を決定し**真珠湾を攻撃**したのは，**東条英機**内閣。

29 日本の終戦

★ 1945年3月に連合軍が**沖縄上陸**➡8月8日に**ソ連が宣戦**➡
8月6・9日に**原子爆弾**投下➡8月15日に**ポツダム宣言**を受け入れ降伏

◆□にあてはまる語句や人名を答えなさい。

時代	首相	年代	できごと
昭和時代	小磯国昭	**1945** 3月	東京・大阪が空襲で廃墟となる ➡1
		3月	アメリカ軍が ①［　　］ に上陸する →ひめゆり学徒隊の悲劇
	鈴木貫太郎	6月	沖縄が占領される →多くの民間人が犠牲となる
		7月	連合国により，日本の降伏をすすめる ②［　　］宣言 が出される ➡2 （連合国の会談が行われたドイツの都市名に由来する）（重要） →日本は宣言を受け入れず，戦争を続行した
		8月 6日	人類初の**原子爆弾**が ③［　　］ に投下される →5年以内に約20万人が亡くなった
		8日	④［　　］ が日本に宣戦し，**満州**に侵攻する →**満州に移り住んでいた多くの日本人が犠牲となった**
		9日	原子爆弾が ⑤［　　］ に投下される →5年以内に約14万人が亡くなった
		14日	**ポツダム宣言の受け入れ**を決定する
	東久邇宮稔彦	**15日**	昭和天皇が国民に**日本の降伏**を伝える(ラジオの**玉音放送**) →この日(**8月15日**)を終戦日としている ➡3

◎**戦時下の政策**

- **国家総動員法**……政府が戦時下，人と物を統制する権限を持つ
- ⑥［　　］……大学生らを徴兵する
- **学徒勤労令**………中学生以上の全員を強制的に就労させる
- ⑦［　　］……都市部の空襲を避けるため，小学生を集団で地方へ避難させる

1 本土空襲(1945年)

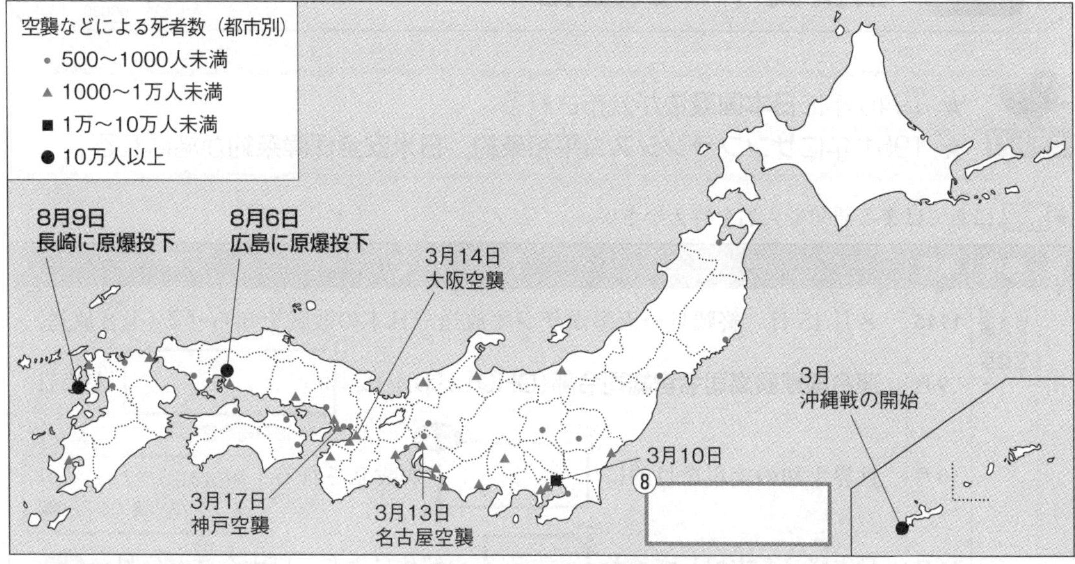

2 ポツダム宣言

ポツダム宣言(要約)

- 日本国民をだまし，世界征服に乗り出させた者の権力と勢力は，永久にとりのぞかれる。
- 日本の主権は，本州・北海道・九州・四国と，その他の諸小島に限られる。
- いっさいの戦争犯罪人は，これをきびしく処罰する。日本政府は，国民のあいだにある民主主義的な傾向の復活・強化の障害となるものを取りのぞき…

▲ **ポツダム会談**
降伏したドイツのポツダムに，**チャーチル**(イギリス：左。のちアトリーに交代)，**トルーマン**(アメリカ：中央)，**スターリン**(ソ連：右)が集まり，日本の無条件降伏を勧告した。

3 日本の敗戦

◀ **平和の礎**
沖縄戦で亡くなった軍人・民間人の名前が刻まれている。

被爆直後の広島 ▶
原爆の投下から5年以内に，広島では20万人以上，長崎では14万人以上の人々が亡くなった。

◀ **玉音放送**
1945年8月15日，昭和天皇がラジオ放送を通じて，日本の終戦を国民に伝えた。

ここに注意！

- **8月6日**に広島，**8月9日**に長崎へ原子爆弾が投下される。
- **8月8日**にソ連が日本に宣戦，**8月15日**に日本はポツダム宣言を受け入れる。

30 戦後日本の民主化

60030

★ 1946 年に**日本国憲法**が公布される
★ 1951 年に**サンフランシスコ平和条約**，**日米安全保障条約**が結ばれる

◆□にあてはまる語句や人名を答えなさい。

時代	首相	年代	できごと
昭和時代	東久邇宮稔彦	**1945**	8月15日：終戦日→天皇がラジオ放送で日本の敗戦を知らせる(玉音放送)
		9月	**連合国軍最高司令官総司令部(GHQ)**がおかれ，①［　　］が来日 ↳最高司令官
	幣原喜重郎	10月	世界平和の実現を目的に②［　　］(重要)が設立される　常任理事国は，アメリカ・イギリス・フランス・ソ連(ロシア)・中国
		11月	日本経済を支配してきた③［　　］の解体により，巨大企業が分割→1
		12月	GHQが**自作農**を増加させるため④［　　］を指令→1　↳1946～50年に実施
		12月	選挙法の改正→⑤［**満　　歳以上の**　　］(注意)に選挙権→2
		1946 5月	戦争責任を追及する**極東国際軍事裁判**(東京裁判)が始まる
	吉田茂	**11月**	⑥［　　］が公布(11月3日)される→翌年5月3日に施行→3
		1947	⑦［　　**法**］が制定される→小・中9年間の義務教育・男女共学化
	芦田均	1948	朝鮮半島に，**朝鮮民主主義人民共和国**と**大韓民国**が成立する　↳北朝鮮　↳韓国
	吉田茂	1949	**湯川秀樹**が日本人初のノーベル賞を受賞する
		1949	**中華人民共和国**(中国)が成立する→**蔣介石**率いる国民党は**台湾**へ
		1950	⑧［　　**戦争**］がおこる→1953年に休戦　北緯38度線付近を軍事境界線とした
		1951	サンフランシスコで講和会議→**サンフランシスコ平和条約**が締結→4
			同時に，アメリカと⑨［　　**条約**］(重要)(安保条約)を結ぶ

歴史の変化　朝鮮戦争の日本への影響

① **特需景気**…アメリカ軍の軍事物資の調達(特需)が，日本の経済の復興を早めた。1955年ごろから高度経済成長が始まる

② **警察予備隊**…朝鮮戦争の拡大にそなえて設置。1952年には**保安隊**，1954年には**自衛隊**に発展

1 経済の民主化

- ⑩ [ ] …**自作農**の増加
- ⑪ [ ] …巨大企業を分割，**独占禁止法**の制定
- **労働者の保護**…**労働三法**(労働組合法・労働関係調整法・労働基準法)の制定

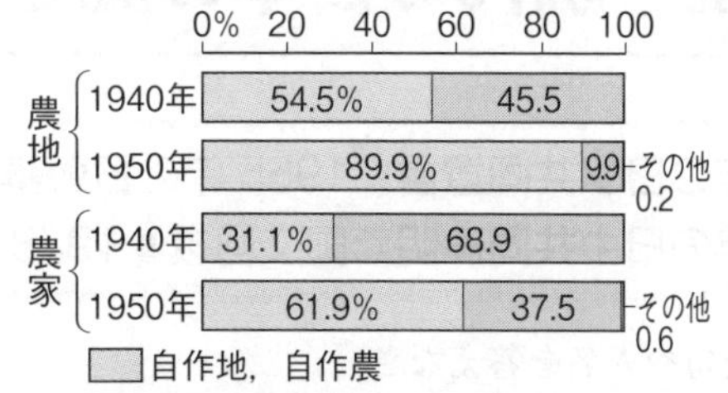

＊自小作は，所有耕作地が10％以上90％未満のもの。

▶ **農地改革による変化**　農地改革により，多くの農民が土地を持てるようになった。

▲ **マッカーサー**
GHQ最高司令官として戦後改革を指揮した。

2 社会の民主化

- **治安維持法の廃止**
- **教育基本法の制定**…小・中学校9年間の義務教育，男女共学
- **選挙法の改正**…女性参政権の確立

▲ **初めての女性国会議員**

3 新しい憲法の制定

大日本帝国憲法→ ⑫ [ ] **憲法**

- **公布**…1946年11月3日：文化の日
- **施行**…1947年5月3日：憲法記念日
- **形式**…国民が定める民定憲法
- **三大原則**… ⑬ [ ] ・ ⑭ [ ] **主義**・**基本的人権の尊重**
- **天皇の地位**…主権者・元首から国の「**象徴**」へ
- **議会・国会**…国権の最高機関，唯一の立法機関

◀ **憲法制定を祝う式典のようす**
東京の皇居前広場で開かれた祝賀会には，約10万人の人々が出席した。

◀ **『あたらしい憲法のはなし』のさし絵**
1947年，当時の文部省が制作し，中学生向けの憲法の教科書として発刊された。

4 サンフランシスコ講和会議

日本は48か国と平和条約を結んだ。すわって署名しているのが
⑮ [ ] **首相**

ここに注意！

- 選挙法改正前→**満25歳以上**の**男子**に選挙権。
- 選挙法改正後→**満20歳以上**の**男女**に選挙権。

31 戦後～現代の日本の動き

60031

★ 1956年の**日ソ共同宣言**，1965年の**日韓基本条約**で国交回復
★ 1972年の**日中共同声明**で国交回復➡1978年に**日中平和友好条約**

◆□にあてはまる語句や人名を答えなさい。

時代	おもな首相	年代	できごと
昭和時代	吉田茂	1954	アメリカが**ビキニ環礁**で初の**水爆実験**→**第五福竜丸**が被爆➡1
	鳩山一郎	1955	**第1回原水爆禁止世界大会**が広島で開催される（1955年から38年間，自由民主党が政権をにぎる（**55年体制**））
		1956	日本はソ連と ①［　　］（重要） に調印し，国交を回復
	石橋湛山	1956	→ソ連の支持を得て，日本は国連に加盟した(80番目)
	池田勇人		▸このころ，日本経済が急成長する(②［　　］（重要）)➡2
			歴史の変化　高度経済成長の影響 ○ 農村や山村では**過疎化**が進み，都市部では**過密化**が進んだ ○ 公害の発生…**四大公害病**が発生した
	佐藤栄作	**1965**	日本は韓国と ③［　　条約］ を結び，国交を回復➡3
		1972	アメリカの占領から ④［　　］ が日本に返還された
	田中角栄	**1972**	日本は中国と ⑤［　　］（重要） を発表し，国交が正常化
		1973	**第4次中東戦争**→石油価格が高騰し， ⑥［　　］ がおこる➡4（オイル・ショックともいう。1979年のイラン革命を機に第2次ショックがおきた）
	三木武夫	1975	日本が**主要国首脳会議(サミット)**に参加する
	福田赳夫	**1978**	日本と中国が ⑦［　　条約］（注意） を結ぶ➡5
平成時代	宮沢喜一	1992	**PKO協力法(国連平和維持活動)**が成立→カンボジアに自衛隊が派遣
	細川護熙	1993	非自民連立内閣が成立する→「55年体制」の終わり
	菅直人	2011	**東日本大震災**がおこる
令和	菅義偉	2021	東京オリンピック・パラリンピック大会が開催される

1 核兵器の廃絶

⑧ 被爆した ＿＿＿＿

▲ 第１回原水爆禁止世界大会

2 戦後の復興

▲ 東京オリンピック・パラリンピック大会

1960年代の高度経済成長期に**アジアで最初のオリンピック**が開催された。

3 日本の国際社会復帰

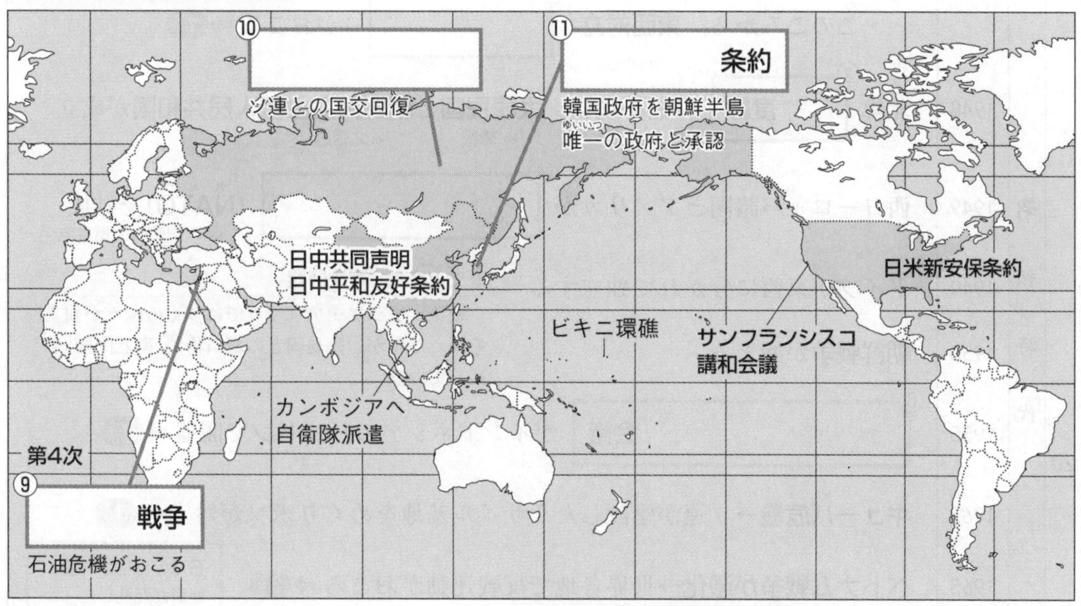

4 石油危機

1973年の石油危機では，トイレットペーパーがなくなるといううわさが流れ，買いだめなどのパニックがおこった。

5 日中平和友好条約の調印

（第１条） 日中両国は，主権および領土保全の相互尊重，相互不可侵，内政に対する相互不干渉，平等および互恵ならびに平和共存の諸原則の基礎の上に，両国間の恒久的な平和友好関係を発展させるものとする。

ここに注意！

- 日中共同声明を発表したのは，田中角栄内閣。
- 日中平和友好条約を結んだのは，福田赳夫内閣。

32 戦後～現代の世界の動き

★ 1989 年に**ベルリンの壁**が崩壊➡1990 年に**東西ドイツが統一**
★ 1993 年に**ヨーロッパ連合(EU)**が発足

◆□にあてはまる語句や人名を答えなさい。

世紀	時代	年代	できごと
20	昭和時代	**1945**	連合国 51 か国が中心となり ①[　　　　]（重要）を設立する
			▸このころから，**東西対立**(②[　　　　])がおこる ➡1
		1948	北緯 ③[　　] **度線** 付近を境に，**大韓民国**と**朝鮮民主主義人民共和国**が成立（↳韓国　↳北朝鮮）
		1949	西ヨーロッパ諸国とアメリカが ④[　　　　] (NATO(ナトー))を結成（↳西側諸国の軍事協力）
		1949	ドイツが東西に分かれて独立する
		1950	**朝鮮戦争**が始まる
		1955	⑤[　　　　] **会議** がインドネシアの**バンドン**で開催(かいさい) ➡3
		1962	**キューバ危機**→ソ連が建設したミサイル基地をめぐり米ソが対立 ➡3
		1965	**ベトナム戦争が激化**→世界各地で反戦運動がおこる ➡3
		1973	**第4次中東戦争**(ちゅうとう)が原因で，**石油危機**(せきゆきき)(オイル・ショック)がおこる
		1986	**ゴルバチョフ**が，**ペレストロイカ**とよばれるソ連の改革を進める
	平成時代	**1989**	ドイツで**ベルリンの壁**が撤去(てっきょ)される→翌年，**東西ドイツが統一** ➡3
		1989	**マルタ会談**で，アメリカとソ連が**冷戦の終結**を宣言 ➡3
		1991	**ソ連が解体→独立国家共同体**(CIS)が成立
		1993	⑥[　　　　]（重要） **(EU)**が発足
21		**2001**	**アメリカで同時多発テロ**がおこる ➡3
		2003	アメリカ・イギリス軍がイラクに侵攻→**イラク戦争** ➡3
	令和	2022	ロシアのウクライナ侵攻

歴史の変化　南北問題
戦後，アジア・アフリカでは多くの国々が独立を果たしたが，先進国との経済格差(**南北問題**)も残っている

石油の価格が高騰(こうとう)し，経済が混乱した

ヨーロッパ連合(EU)
ヨーロッパ共同体(EC)が発展し，発足。域内の市場・政治の統合を進めている

2004 年に日本は自衛隊をイラクに派遣

1 東西対立

東西対立 = ⑦ [　　　]

…国を運営する考え方（イデオロギー）の違いによる対立。

	考え方	中心	軍事機構
西側陣営（じんえい）	資本主義	アメリカ	北大西洋条約機構(NATO)
東側陣営	社会主義	ソ連	ワルシャワ条約機構

2 核兵器の削減の動き

年代	内容
1954	アメリカがビキニ環礁（かんしょう）で行った水爆実験で日本の第五福竜丸（ふくりゅうまる）が被爆
1955	第1回原水爆禁止世界大会が広島で開かれる
1963	部分的核実験停止条約：地下を除く核実験の禁止
1968	核拡散防止条約
1971	日本の国会で非核三原則が決議される
1987	中距離核戦力(INF)全廃条約
1996	包括的核実験禁止条約(CTBT)

3 世界の動き

⑧ [　　　]の壁
東西対立の象徴が1989年に取りこわされた。

アメリカの同時多発テロの後，アフガニスタンとイラクにアメリカ軍が侵攻（しんこう）した。

2001年，ニューヨークの世界貿易センタービルなどがテロにより崩壊（ほうかい）し，多くの市民が犠牲（ぎせい）になった。
⑨ [　　　]テロ

ドイツ／アフガニスタン／イラク／中華人民共和国／ベトナム／ニューヨーク／キューバ／湾岸戦争(1991)／パレスチナ問題(1948〜)

マルタ島で開かれた米ソ会談で，冷戦の終結が宣言された。写真左はアメリカのブッシュ大統領写真右はソ連のゴルバチョフ書記長。

インドネシアの都市バンドンで1955年アジア・アフリカ会議が開かれ，発展途上国の代表が集まった。

⑩ [　　　]戦争
東西対立が深刻化する中，1965年から北ベトナムに対してアメリカが攻撃（こうげき）を始めた。1973年にアメリカが撤退（てったい）→ベトナム社会主義共和国が成立。

キューバ危機
キューバにソ連のミサイル基地を建設することで，アメリカとソ連が緊張（きんちょう）した。

ここに注意！
● 西側（資本主義）諸国の軍事同盟は，北大西洋条約機構(NATO)。
● 東側（社会主義）諸国の軍事同盟は，ワルシャワ条約機構。

33 旧石器時代〜弥生時代の文化

60033

さきドリ
★ 縄文時代 ⇒ 縄文土器・磨製石器・たて穴住居・貝塚
★ 弥生時代 ⇒ 弥生土器・青銅器・稲作

◆ ◯ にあてはまる語句や人名を答えなさい。

時代	で き ご と
① ◯ 時代	・日本列島は大陸と陸続き → 大型動物や人が大陸から移り住んだ → 長野県の**野尻湖(のじり)**から、**ナウマン象とオオツノジカ**の化石が発見 ➡ 1 > ・石どうしを打ちつけてつくった ② ◯ 石器 を用いていた → 1946年に**相沢忠洋(あいざわただひろ)**が**岩宿遺跡(いわじゅく)**から打製石器を発見 ➡ 1 >
今から ③ ◯ 年 ほど前	**歴史の変化　氷河時代の終わり** ◯ 地球全体の気温が上昇 → 海水面(はな)が上昇 → 日本列島が大陸から切り離され、今日の姿に ◯ 新しい生活・文化が生まれた → **縄文時代(じょうもん)**が始まる
縄 文 時 代 ↓ 2 >	・④ ◯ 土器 や ⑤ ◯ 石器 を使用していた ← **骨角器(こっかくき)**(動物の骨や角を加工)も使っていた ・狩り(か)、漁(りょう)、木の実などの**採集**でくらしていた → 縄文人のゴミ捨て場といわれる ⑥ ◯ **重要** が海岸や水辺にできる ・**土偶(どぐう)**という土人形をつくり、豊かなくらしや繁栄(はんえい)を願った ・⑦ ◯ に住んでいた 土偶 ▶
紀元前 **4世紀** ごろ	大陸から移り住んだ人々が新しい技術を伝え、生活が大きく変化 → **弥生時代(やよい)**が始まる
弥 生 時 代 ↓ 2 >	・⑧ ◯ 土器 を使用していた ・金属器を使用 → ⑨ ◯ **重要** 器 や鉄器など ・⑩ ◯ **重要** が東日本まで広がる → 収穫物(しゅうかく)を**高床倉庫(たかゆか)**に保存 ・**貧富(ひんぷ)の差**が生まれた　・**戦争**があった 銅鐸(どうたく) ▶
紀元後 **4世紀**	**大和政権(やまと)**の発展 → **古墳時代(こふん)**が始まる

1 旧石器時代～弥生時代のおもな遺跡

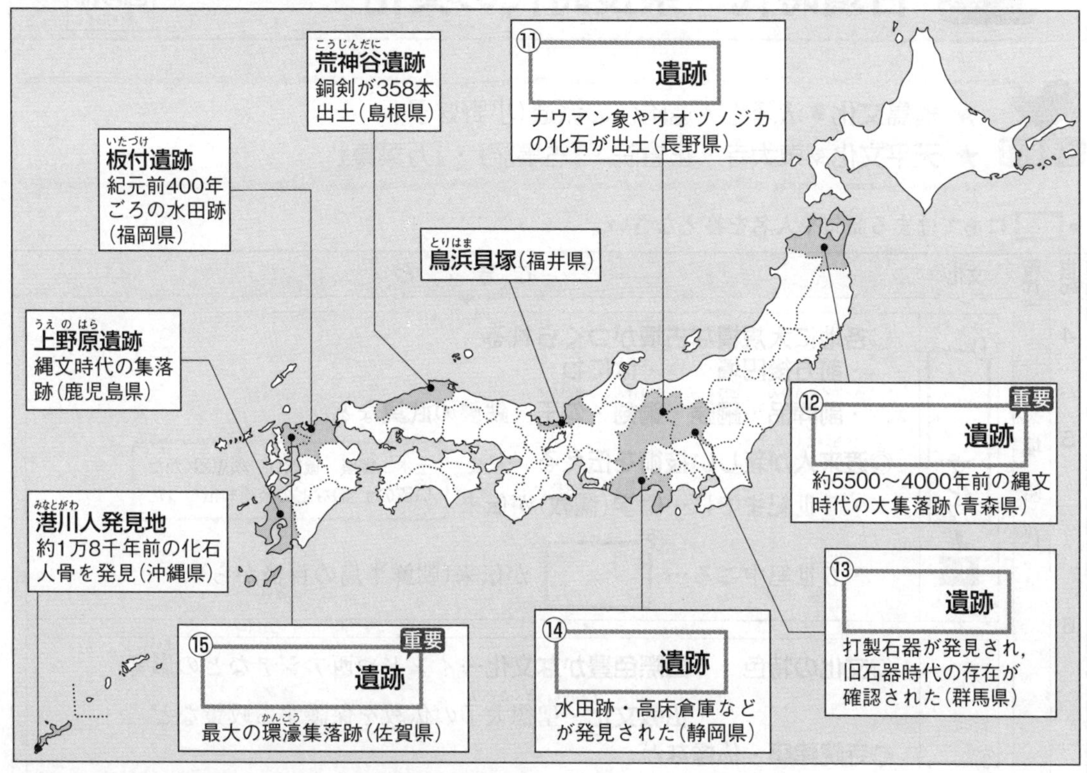

2 旧石器時代～弥生時代の文化・生活の比較

	旧石器時代	縄文時代	弥生時代
道具	・**打製石器**	・**磨製石器**(矢じりなど) ・**骨角器**(釣り針やもりなど)	・**磨製石器**(石包丁など) ・**金属器**
土器	・まだつくられていない	**縄文土器** ・もろく厚手 ・黒褐色 ・複雑な文様	**弥生土器** ・かたく薄手 ・赤褐色 ・少ない文様
生活	・狩りや採集 ・洞穴，岩かげなどに住む ・火を使用	・**狩り・漁・採集** ・季節ごとに**移動生活** ・**たて穴住居**にくらす	・**稲作**が始まる ・たて穴住居にくらす ・**定住**を始める
社会・習慣		・**貧富・身分の差がない** ・土偶をつくる	・**貧富・身分の差ができる** ・小さなくにができる ・戦争が始まる

時代チェック

● 青銅器や鉄器の使用が始まったのは何時代？

A 縄文時代　B 弥生時代

答 B

34 古墳時代～奈良時代の文化

60034

★ 飛鳥文化 ➡ 法隆寺・遣隋使の派遣(小野妹子)
★ 天平文化 ➡ 東大寺・正倉院・『古事記』・『万葉集』

◆ ☐ にあてはまる語句や人名を答えなさい。

世紀	時代	文化	できごと
4 5 6	古墳時代	① 文化 ↓ **1**	◎各地に大規模な古墳がつくられる 　・前方後円墳　　　・はにわ 　・副葬品(ふくそうひん)…銅鏡(どうきょう)・銅剣(どうけん)・勾玉(まがたま)・鉄製の武具など ◎渡来人(とらいじん)が新しい技術を伝える　〔土木・養蚕(ようさん)・機織り(はたおり)・須恵器(すえき)(かたい質の土器)などの技術も伝わった〕 　・5世紀までに…儒学(じゅがく)(儒教(じゅきょう))が伝来 　・6世紀中ごろ…② ☐ が伝来(朝鮮半島の百済(くだら)(ひゃくさい)から)
7	飛鳥時代	③ 文化 ↓ **2**	◎文化の特色　・国際色豊かな文化…インドや西アジアなどの影響(えいきょう) 　　　　　　　・仏教文化…聖徳太子の仏教を保護する政策など(しょうとくたいし) ◎寺院建築・仏像など 　・④ ☐ 重要 寺(奈良県斑鳩町(いかるが))…世界最古の木造建築物 　・釈迦三尊像(しゃかさんぞん)…法隆寺金堂の仏像。鞍作鳥(くらつくりのとり)(止利仏師(とりぶっし))の作といわれる 　・弥勒菩薩像(みろくぼさつ)　・玉虫厨子(たまむしのずし) ◎大陸とのつながり 　・⑤ ☐ の派遣(はけん)…607年,小野妹子(おののいもこ)らが派遣される
8	奈良時代	⑥ 文化 ↓ **3**	◎文化の特色　・唐の影響を受けた国際色豊かな文化…遣唐使の派遣 　　　　　　　・貴族・仏教中心の文化 ◎仏教建築　・東大寺(とうだいじ)…全国の国分寺の中心として都に建築 　　　　　　・唐招提寺(とうしょうだいじ)…平城京に鑑真(がんじん)が建立した寺院 　・⑦ ☐ …〔東大寺の宝物庫 / 聖武天皇(しょうむ)の愛用品などが納められている〕 ◎仏像など　・鑑真像(がんじん)…唐から来日した鑑真の像 ◎書物　・⑧ ☐ ・『日本書紀(にほんしょき)』…国の成り立ちなどをまとめた歴史書 　・⑨ ☐ 重要 …〔天皇から農民までの和歌を集めた歌集 / 万葉仮名(まんようがな)を使用〕

1 古墳文化

▲銅鏡
神をまつる神具としてつくられた。

▲はにわ
人の形のほか，船，家，動物などさまざまな形があり，当時の生活を知る貴重な資料となる。

▲前方後円墳
写真は大阪府堺市にある**大仙(仁徳陵)古墳**。仁徳天皇のものと伝えられている。

2 飛鳥文化

法隆寺にある，仏像などをおさめる仏具。玉虫の羽で飾られているところから名付けられた。

▲玉虫厨子

京都の広隆寺にある仏像。朝鮮半島にもよく似た仏像があることから，大陸の影響を強く受けていることがわかる。

▲弥勒菩薩像

▲高松塚古墳の壁画
7世紀末ごろに作られた古墳の石室に描かれた色鮮やかな壁画(奈良県明日香村)。

3 天平文化

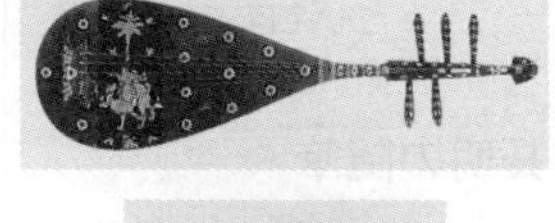

▲正倉院の宝物
上は貝で飾られた五絃琵琶。下は西アジアから伝わったガラスの器。

▲唐招提寺の金堂

▲東大寺の ⑩

▲東大寺の ⑪
東大寺の本尊として752年に完成した。

時代チェック

● 遣隋使の派遣が始まったのは何時代？
A 飛鳥時代　B 奈良時代

 答 A

35 平安時代～鎌倉時代の文化

★ 国風文化➡『古今和歌集』・『源氏物語』・『枕草子』・平等院鳳凰堂
★ 鎌倉文化➡『新古今和歌集』・『徒然草』・『平家物語』・金剛力士像

◆[　　]にあてはまる語句や人名を答えなさい。

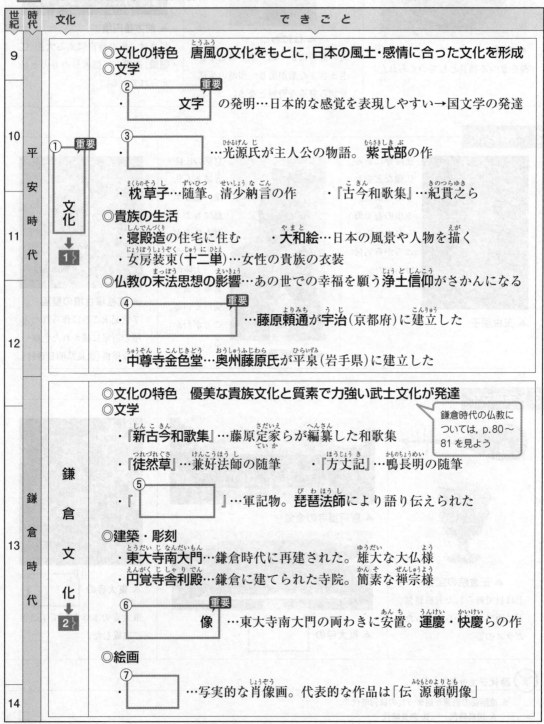

世紀	時代	文化	できごと
9 10 11 12	平安時代	①[　　　]重要 文化 ↓ 1	◎文化の特色　唐風の文化をもとに，日本の風土・感情に合った文化を形成 ◎文学 ・②[　　　]重要 文字 の発明…日本的な感覚を表現しやすい→国文学の発達 ・③[　　　]…光源氏が主人公の物語。**紫式部**の作 ・**枕草子**…随筆。清少納言の作　・『**古今和歌集**』…紀貫之ら ◎貴族の生活 ・**寝殿造**の住宅に住む　・**大和絵**…日本の風景や人物を描く ・女房装束(十二単)…女性の貴族の衣装 ◎仏教の末法思想の影響…あの世での幸福を願う**浄土信仰**がさかんになる ・④[　　　]重要…**藤原頼通**が**宇治**(京都府)に建立した ・**中尊寺金色堂**…**奥州藤原氏**が平泉(岩手県)に建立した
13 14	鎌倉時代	鎌倉文化 ↓ 2	◎文化の特色　優美な貴族文化と質素で力強い武士文化が発達 ◎文学 ・『**新古今和歌集**』…藤原定家らが編纂した和歌集 ・『**徒然草**』…兼好法師の随筆　・『**方丈記**』…鴨長明の随筆 ・『⑤[　　　]』…軍記物。**琵琶法師**により語り伝えられた ◎建築・彫刻 ・**東大寺南大門**…鎌倉時代に再建された。雄大な大仏様 ・**円覚寺舎利殿**…鎌倉に建てられた寺院。簡素な禅宗様 ・⑥[　　　]重要 像…東大寺南大門の両わきに安置。**運慶**・**快慶**らの作 ◎絵画 ・⑦[　　　]…写実的な肖像画。代表的な作品は「伝 源頼朝像」

鎌倉時代の仏教については，p.80～81を見よう

1 平安時代の文化

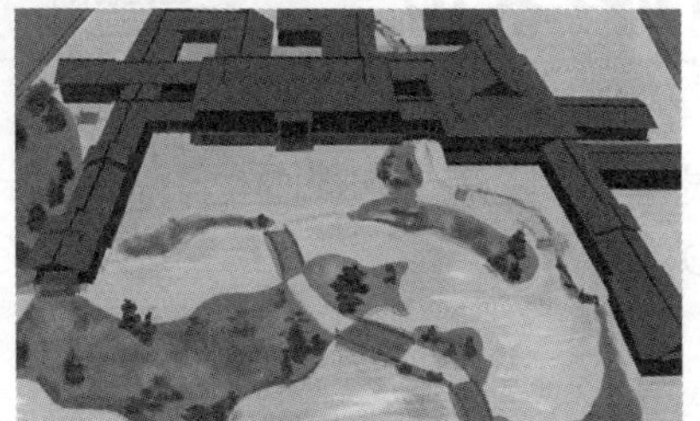

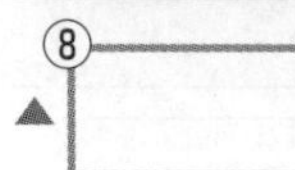

▲ ⑧［　　　　］（貴族の住宅）

▲ 平等院鳳凰堂

藤原頼通が極楽浄土をイメージしてつくった阿弥陀堂。浄土信仰の影響を受けている。

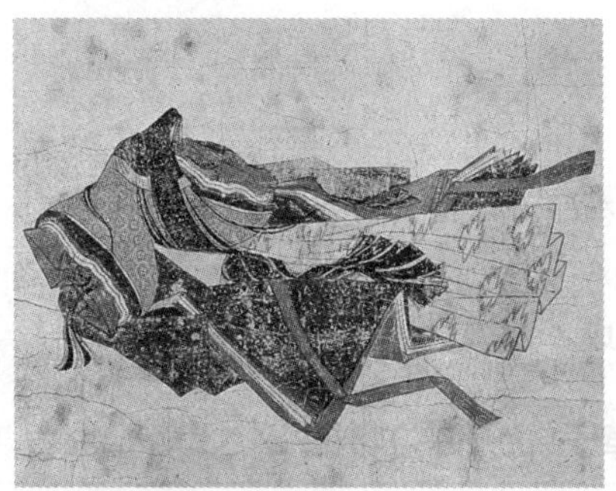

▲ 女房装束（十二単）

（漢字）				（平仮名）	（漢字）	（片仮名）
以	以	以	以	い	阿	ア
呂	呂	呂	呂	ろ	伊	イ
波	波	波	は	は	宇→	ウ
仁→	仁→	仁→	仁→	に	江	エ
保	保	保	ほ	ほ	於	オ
部	部	部	へ	へ		
止	止	止	と	と		

◀ 仮名文字

漢字をもとに，平仮名・片仮名がつくられた。平仮名は漢字をくずし，片仮名は漢字の一部からつくられている。

2 鎌倉時代の文化

▲ 東大寺南大門（奈良市）

雄大なつくりの大仏様建築。

▲「蒙古襲来絵詞」

馬に乗った御家人（竹崎季長）と元軍との戦いのようすが描かれている。

▲ 円覚寺舎利殿（鎌倉市）

禅宗様の代表的建築物。

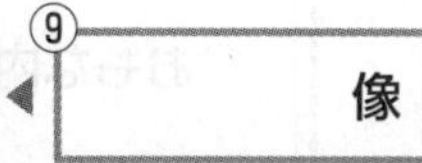

◀ ⑨［　　　　］像（東大寺南大門）

運慶・快慶らによってつくられた阿形・吽形の像。

漢字チェック

● 書けるかな？　A きの つら ゆき　B かもの ちょう めい　C うん けい

答 A 紀貫之　B 鴨長明　C 運慶

36 室町時代～安土桃山時代の文化

60036

さきドリ

★ 北山文化➡金閣・能　★ 東山文化➡銀閣・書院造・水墨画
★ 桃山文化➡狩野永徳(障壁画)・千利休(わび茶)

◆□にあてはまる語句や人名を答えなさい。

世紀	時代	文化	できごと
14	室町時代	①□文化 ↓ 1	◎文化の特色 ・3代将軍 ②□ のころ ◎おもな内容 ・足利義満(あしかがよしみつ)が京都北山に ③□ を建てる ・観阿弥(かんあみ)・④□ 親子が能(のう)を大成。能の合間(あいま)に狂言(きょうげん) （庶民(しょみん)のくらしのようすなどを表現する喜劇） ▸このころ，茶の湯(ちゃのゆ)，生け花，御伽草子(おとぎぞうし)(絵入りの物語)がさかんになる
15	室町時代	⑤□文化 ↓ 2	◎文化の特色 ・8代将軍 ⑥□ のころ ◎おもな内容 ・足利義政が京都東山(ひがしやま)に ⑦□【重要】 を建てる →銀閣のある慈照寺(じしょうじ)の東求堂同仁斎(とうぐどうどうじんさい)は ⑧□造(づくり)【重要】 の様式を伝える （東求堂同仁斎は，足利義政の書斎(しょさい)だった部屋） ・⑨□ が日本の水墨画(すいぼくが)を大成する
	戦国時代		◎戦国時代の文化　狩野派(かのうは)が障壁画(しょうへきが)をさかんに描く(えがく)
16	安土桃山時代	⑩□文化 ↓ 3	◎文化の特色 ・戦国大名・大商人の気風(きふう)に影響された雄大(ゆうだい)ではなやかな文化 ・ヨーロッパの影響を受けた南蛮文化(なんばんぶんか)も広まる ◎おもな内容 ・城郭(じょうかく)…⑪□城【重要】(兵庫県)，安土城(あづちじょう)(滋賀県)，大阪城 ・障壁画…狩野永徳(かのうえいとく)ら　・⑫□ がわび茶(ちゃ)を大成する ↳精神性を重視 ・出雲(いずも)の阿国(おくに)がかぶき踊り(おどり)を始める

1 北山文化

▲鹿苑寺 ⑬［　　］

▲能のようす(「洛中洛外図屏風」)

2 東山文化

▲慈照寺 ⑭［　　］

◀慈照寺の東求堂同仁斎 ⑮［　　造］の代表的な部屋。

▲雪舟の水墨画

雪舟は中国で絵画を学び，帰国後，日本の水墨画を完成させた。

3 桃山文化

▲「唐獅子図屏風」　狩野永徳の代表作。

▲姫路城　白鷺城ともよばれる。世界遺産。

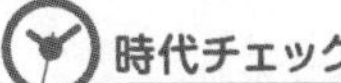

時代チェック

● 正しい組み合わせはどっち？

A 足利義満 ― 銀閣　　B 水墨画 ― 雪舟

答 B

37 江戸時代の文化

60037

★ 17世紀に**元禄文化**(上方中心) ➡ 19世紀に**化政文化**(江戸中心)
★ 国学(**本居宣長**)・蘭学(**杉田玄白ら**)が発達

◆□にあてはまる語句や人名を答えなさい。

世紀	時代	文化	できごと
17	江戸時代	①□文化 ➡ 1	◎文化の特色 ・17世紀，5代将軍**徳川綱吉**のころ　・**上方**(京都・大阪)が中心 ・経済力が豊かな**町人**が担い手　・明るく活気のある文化 ◎文学 ・井原西鶴…浮世草子(小説)。『日本永代蔵』など ・②□…俳諧。東北・北陸地方を旅行して書いた『**奥の細道**』 ・③□(重要)…人形浄瑠璃の台本。『**曽根崎心中**』など ◎絵画 【**装飾画**】俵屋宗達・尾形光琳　【**浮世絵**】菱川師宣
18		学問の発達 ➡ 2	1720年　8代将軍徳川吉宗がキリスト教に関係のない漢訳洋書の輸入を許可 →**蘭学**が発展するきっかけ （蘭学はオランダ語でヨーロッパの文化を学ぶ学問） 1774年　④□と**前野良沢**らが『**解体新書**』を刊行 1797年　昌平坂学問所ができ，幕府により**朱子学**が奨励される 1798年　⑤□が『**古事記伝**』を刊行→**国学**を大成 1821年　⑥□の「大日本沿海輿地全図」が完成する 1823年　**シーボルト**が来日する→長崎に**鳴滝塾**を開く ▸町人や農民の子弟が学ぶ**寺子屋**が各地に開かれる
19		⑦□文化 ➡ 3	◎文化の特色 ・19世紀，11代将軍徳川家斉のころ　・**江戸が中心の町人文化** ◎文学 【**小説**】・**十返舎一九**…『**東海道中膝栗毛**』（皮肉やこっけいな内容がもてはやされた） 【**俳諧**】**与謝蕪村**や小林一茶など ◎絵画 ・喜多川歌麿…美人画　・東洲斎写楽…役者絵 ・**葛飾北斎**…「富嶽三十六景」　・⑧□…「東海道五十三次」

1 元禄文化

▲「風神雷神図屏風（ふうじんらいじんずびょうぶ）」

俵屋宗達の代表作。

「見返り美人図（みかえりびじん）」▶

菱川師宣の代表作。

2 学問の発達

▲ ⑨［　　　　］のようす

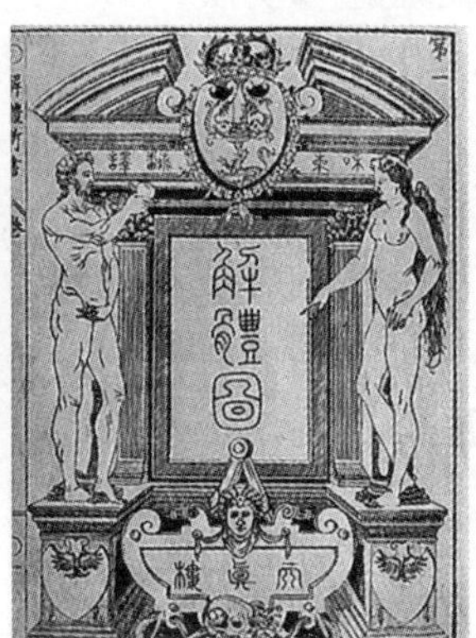

◀『⑩［　　　　］』のとびら絵

杉田玄白と**前野良沢**らがオランダ語で書かれたヨーロッパの解剖書（かいぼうしょ）『ターヘル・アナトミア』を翻訳（ほんやく）した。

3 化政文化

▲「富嶽三十六景」

葛飾北斎の代表作。富士山をさまざまな土地から描（えが）いた。全46枚から成る。

▲「ポッピンを吹く女」

喜多川歌麿の美人画。

▲ **歌川（安藤）広重**の浮世絵

「名所江戸百景」からの作品。

読みチェック

● 読めるかな？　A 俵屋宗達　B 滝沢馬琴　C 東洲斎写楽

答　A たわらやそうたつ　B たきざわばきん　C とうしゅうさいしゃらく

60038

38 明治・大正時代の文化

★ 絵画➡**フェノロサ**・**岡倉天心**（日本美術の復興）
★ 文学➡**樋口一葉**（明治時代・ロマン主義）・**芥川龍之介**（大正時代）

◆□にあてはまる語句や人名を答えなさい。

世紀	時代	年代	できごと
19	明治時代	1872	①□重要 が『**学問のすゝめ**』を著す　「天は人の上に人をつくらず，人の下に人をつくらず」という言葉は有名。
		1872	学制が発布される→**義務教育**の開始
		1878	**フェノロサ**が来日する➡1 ↳日本美術の復興に努めたアメリカ人
		1887	二葉亭四迷が『浮雲』を著す
		1890	**森鷗外**が『舞姫』を著す
		1895	**樋口一葉**が『たけくらべ』を著す
		1898	②□重要 らが日本美術院を設立する➡1
		1900	③□ が女子英学塾（現在の津田塾大学）を設立する
		1905	④□ が『吾輩は猫である』の連載を開始　翌年には『坊っちゃん』を著した
		1906	島崎藤村が『破戒』を著す
20	大正時代	1915	⑤□ が『羅生門』を著す
	昭和	**1925**	⑥□放送 が始まる

社会の特色　明治時代の文学

○ **ロマン主義**…感情や個性を重んじる文学の流派。樋口一葉，与謝野晶子など

○ **自然主義**…社会の現実をありのままに表現しようとする文学の流派。島崎藤村など

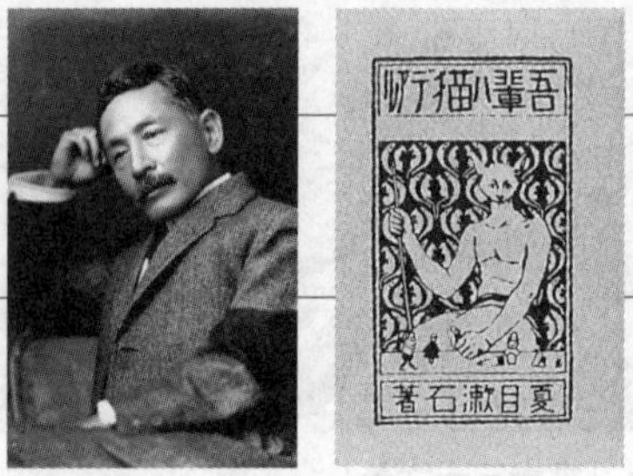

▲夏目漱石と『吾輩は猫である』の表紙

1 絵画・彫刻・音楽

日本画	フェノロサ 岡倉天心	日本美術の復興に努めた
	狩野芳崖（かのうほうがい）	「悲母観音」（ひぼかんのん）
	横山大観（よこやまたいかん）	「無我」（むが）
洋画	黒田清輝（くろだせいき）	「湖畔」（こはん）「読書」（どくしょ）
彫刻	高村光雲（たかむらこううん）	「老猿」（ろうえん）
	荻原守衛（おぎわらもりえ）	「女」
音楽	滝廉太郎（たきれんたろう）	「荒城の月」（こうじょうのつき）

2 自然科学

医学	⑦	破傷風の血清（はしょうふうのけっせい）
	⑧	赤痢菌の発見（せきりきんのはっけん）
	⑨	黄熱病の研究（おうねつびょう）
物理学	長岡半太郎（ながおかはんたろう）	原子模型の理論（もけい）
	大森房吉（おおもりふさきち）	地震計の発明（じしん）
化学	鈴木梅太郎（すずきうめたろう）	ビタミンB_1
	高峰譲吉（たかみねじょうきち）	タカジアスターゼ

▲「無我」横山大観

◀「湖畔」黒田清輝

◀「老猿」高村光雲

✎ 漢字チェック

● 書けるかな？　A ふたばていしめい　B 森おうがい　C 島崎とうそん

答 A 二葉亭四迷　B 鷗外　C 藤村

39 仏教(宗教)の展開

60039

★ 奈良時代➡唐僧鑑真が来日し，仏教の教えを広める
★ 平安時代➡最澄が天台宗，空海が真言宗を伝える

◆□にあてはまる語句や人名を答えなさい。

世紀	時代	年代	できごと
6	古墳時代	**538**	朝鮮半島の①□から経典・仏像がおくられる→**仏教公伝**(こうでん) ➡1
	飛鳥時代	593	②□が**推古天皇**(すいこ)の**摂政**(せっしょう)となり，仏教を保護する
7		607	聖徳太子が③□寺を建立(こんりゅう)する ＜世界最古の木造建築
8	奈良時代	741	④□天皇が**国分寺**(こくぶんじ)・**国分尼寺**(こくぶんにじ)を諸国に建立する命令を出す➡3
		743	**東大寺大仏**(とうだいじだいぶつ)の造立(ぞうりゅう)の命令が出される→752年に大仏の開眼供養(かいげんくよう)が行われる
		753	⑤□(重要)が来日し，仏教の戒律(かいりつ)(律宗(りっしゅう))を伝える→759年，**唐招提寺**(とうしょうだい)を建立
9	平安時代	805	⑥□(重要)が**天台宗**(てんだいしゅう)を伝える→**比叡山延暦寺**(ひえいざんえんりゃくじ)を開く➡2 3
		806	⑦□(重要)が**真言宗**(しんごんしゅう)を伝える→**高野山金剛峯寺**(こうやさんこんごうぶじ)を開く➡2 3
11		1053	**藤原頼通**(ふじわらのよりみち)が**平等院鳳凰堂**(びょうどういんほうおうどう)を宇治(うじ)に建立する
		1124	奥州藤原氏(おうしゅう)が**中尊寺金色堂**(ちゅうそんじこんじきどう)を平泉(ひらいずみ)に建立する
12		1175	法然(ほうねん)が**浄土宗**(じょうどしゅう)を開く→弟子の**親鸞**(しんらん)は**浄土真宗**(じょうどしんしゅう)を開く
	鎌倉時代	1191	⑧□が中国より禅宗(ぜんしゅう)(**臨済宗**(りんざいしゅう))を伝える
13		1227	⑨□が中国より禅宗(**曹洞宗**(そうとうしゅう))を伝える
		1253	**日蓮**(にちれん)が日蓮(法華(ほっけ))宗を開く
		1274	**一遍**(いっぺん)が時宗(じしゅう)を開く
	室町		
16	安土桃山時代	**1549**	⑩□が日本にキリスト教を伝える

社会の特色　鎌倉時代の仏教
鎌倉新仏教(浄土教系の諸宗，日蓮宗，禅宗など)に対し，鎌倉時代の初めころ，旧仏教の革新運動がおこった
➡3

1 仏教の伝来

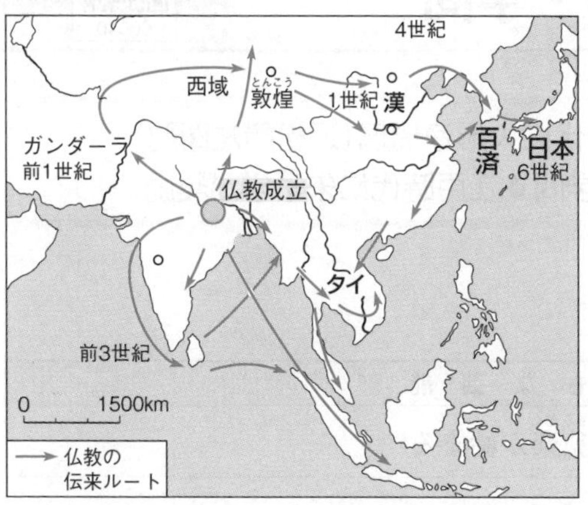

仏教は紀元前5世紀ごろ，インドでシャカ(釈迦)によって開かれた。中央アジア・中国・朝鮮を経て，6世紀に朝鮮半島の百済から日本に伝わった。

2 日本のおもな寺院

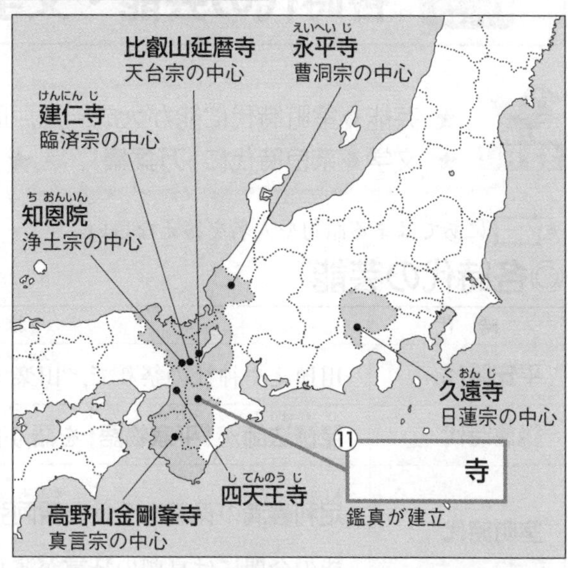

3 仏教の発展につくした人々

◎仏教を保護した人々

蘇我馬子…大陸より伝わった仏教を保護した

聖徳太子…仏教を保護する政策。**法隆寺**・**四天王寺**

聖武天皇…奈良時代，国分寺・国分尼寺，**天平文化**

◎おもな僧侶

⑫  …奈良時代に庶民に仏教を広め，大仏造立にも協力した

鑑真…唐より来日し，戒律を伝え，**唐招提寺**を建立した

最澄…**天台宗**を開く。「伝教大師」

空海…**真言宗**を開く。「弘法大師」

鎌倉新仏教

栄西…禅宗の**臨済宗**を伝える

道元…禅宗の**曹洞宗**を伝える

⑬ □ …念仏を唱えれば極楽往生できると説き，浄土宗を開く

親鸞…悪人正機説を唱え，**浄土真宗**を開く

一遍…念仏を重視。時宗を開く

日蓮…法華経を重視する日蓮宗(法華宗)を開く

◎仏教を支えた人々

⑭ 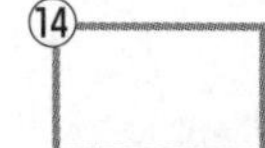 ・**快慶**…鎌倉時代の仏師。東大寺南大門の**金剛力士像**など

▲ ⑮ □

▲ 空海

▲ 最澄

▲ 親鸞

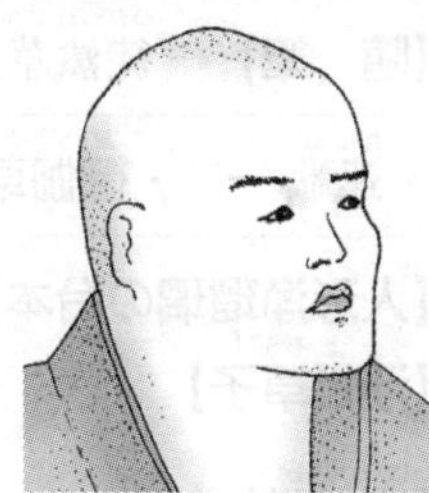
▲ 道元

▲ 日蓮

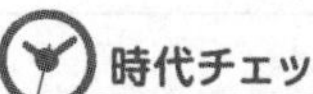
時代チェック

● 正しい組み合わせはどっち？

A 空海―真言宗―奈良時代　　B 栄西―臨済宗―鎌倉時代

答 B

40 各時代の芸能・文学・学問

60040

★ 芸能 ▶ 室町時代に**能**が大成，江戸時代に人形浄瑠璃（**近松門左衛門**）
★ 文学 ▶ 奈良時代に**『万葉集』**　★ 学問 ▶ 江戸時代に**朱子学**が奨励

◆□にあてはまる語句や人名を答えなさい。

◎各時代の芸能

時代	おもな芸能
平安時代	田植えや神社の祭りで，田楽・猿楽が始まる
鎌倉時代	**琵琶法師**が**『平家物語』**を語り伝える
室町時代	**足利義満**の保護を受けた**観阿弥**・**世阿弥**により，①□が大成される 能の合間には喜劇の**狂言**が演じられた
安土桃山時代	京都で**出雲の阿国**が**かぶき踊り**を始める
江戸時代（元禄文化）	**歌舞伎**が庶民の間に広がる ②□（重要）が台本を書き，人形浄瑠璃が庶民の間に広まった

◎文　学

時代		おもな文学作品
奈良時代		【和　歌】③□（重要）（日本最古の和歌集） 【歴史書】**『古事記』『日本書紀』**　【地　理】**『風土記』**
平安時代		【随　筆】**『枕草子』**（**清少納言**） 【物　語】**『源氏物語』**（④□） 【和　歌】**『古今和歌集』**（**紀貫之**ら）
鎌倉時代		【随　筆】**『徒然草』**（**兼好法師**）・**『方丈記』**（**鴨長明**）
室町時代		・**連歌**　・**御伽草子**
江戸時代	元禄文化	【人形浄瑠璃の台本】**『曾根崎心中』**（**近松門左衛門**） 【浮世草子】**『好色一代男』『日本永代蔵』**（**井原西鶴**） 【俳　諧】**『奥の細道』**（⑤□）
	化政文化	【俳　諧】与謝蕪村・小林一茶 【小　説】**『南総里見八犬伝』**（**滝沢馬琴**）

◎学 問

時代		おもな学問
江戸時代	儒学	・幕府は ⑥［　　　　］学（重要）を官学とし，奨励する
	歴史	・徳川光圀…『大日本史』　・新井白石…『読史余論』
	国学	・⑦［　　　　］…『古事記伝』 →国学は幕末の尊皇攘夷思想に影響
	蘭学（洋学）	・杉田玄白・前野良沢…『解体新書』 ・⑧［　　　　］…「大日本沿海輿地全図」 ・平賀源内…エレキテル（発電機）
	教育	・庶民の子どもは ⑨［　　　　］ で読み・書き・そろばんを学んだ 藩校　弘道館（茨城）など　【郷学】　閑谷学校（岡山）など 【私塾】　シーボルトの鳴滝塾（長崎）…高野長英らが学ぶ 緒方洪庵の適塾（大阪）…福沢諭吉らが学ぶ

▲ 近松門左衛門
人形浄瑠璃の台本を書き，人気作家となった。

▲ 本居宣長
松阪（三重県）出身。国学を大成。『古事記』を研究し，『古事記伝』を出版した。

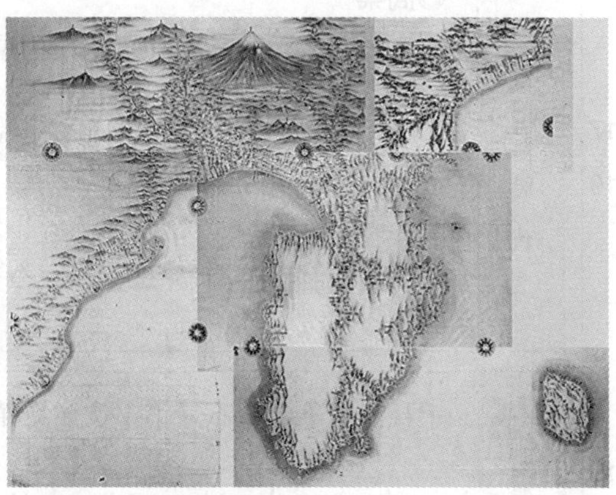

▲「大日本沿海輿地全図」
伊能忠敬による沿岸の実測地図。写真は中部地方（部分）。

時代チェック

● 井原西鶴が書いた風俗小説はどっち？
A『曾根崎心中』　B『好色一代男』

答 B

60041

41 商業・工業と都市の発達

★ 室町時代に座が出現➡織田信長が楽市・楽座を実施
★ 日清戦争のころ，軽工業中心➡日露戦争のころ，重工業中心

◆［　］にあてはまる語句や人名を答えなさい。

◎商業・工業の発達

世紀	時代	できごと
12～14	鎌倉時代	・宋銭の流通→平清盛が日宋貿易で大量に輸入 ・各地で①［　　］が開かれる→三斎市(月３回の開催) 宋銭▶ 
14～16	室町・安土桃山時代	・②［　　銭］の流通…永楽通宝など→日明(勘合)貿易で輸入 ・各地で月６回の定期市が開かれる→六斎市(月６回の開催) ・③［　　］(商工業者の同業組合)が朝廷や寺院の保護を受け，営業を独占 ・織田信長が，安土城下で④［　　］を実施→自由に商売
17～19	江戸時代	◎商業 ・大商人…三井高利，紀伊国屋文左衛門など ・⑤［　　］重要…商工業者の同業組合 ◎工業 ・工場制手工業(マニュファクチュア)…19世紀ごろ。作業場(工場)で人をやとって分業で製品をつくる **社会の特色　大阪の繁栄** 大阪では，各大名が蔵屋敷を設けて米や特産物を販売した。大阪は商業が発達し，「天下の台所」と呼ばれた
19・20	明治時代	・日清戦争のころ，第１次産業革命→軽工業を中心に発達 ・1901年に⑥［　　］重要(福岡県北九州市)が操業開始 ・日露戦争のころ，第２次産業革命→重工業を中心に発達
20	昭和時代　戦前	1929年　世界恐慌がおこる
	昭和時代　戦後	1945年　財閥解体 1955～70年代　高度経済成長期

◎都市の発達

時代	できごと
飛鳥時代	・本格的な都城として藤原京がつくられ，都が移される
奈良時代	・710年，平城京に都を移す…唐の都 ⑦［　　］をモデルにつくられた
平安時代	・794年，桓武天皇が都を平安京に移す
室町時代	【港町】十三湊(青森：蝦夷地と日本海運の中継地)，敦賀(福井)など 【門前町】長野(善光寺)，坂本(比叡山延暦寺)など 【城下町】小田原(神奈川：北条氏)，一乗谷(福井：朝倉氏)など 【自治都市】大阪の堺，福岡の博多など → 1
江戸時代	【三都】江戸・大阪・⑧［　　］ 【門前町】日光・長野など 【宿場町】品川・草津など

▲ 鎌倉時代の定期市(備前〔岡山県〕の福岡の市)
布や米を売る商人のすがたが見える。

▲ 堺の鉄砲鍛冶　鉄砲が伝わると，堺などで量産が始まり，商工業が発達した。

1 商業・工業のおもな都市

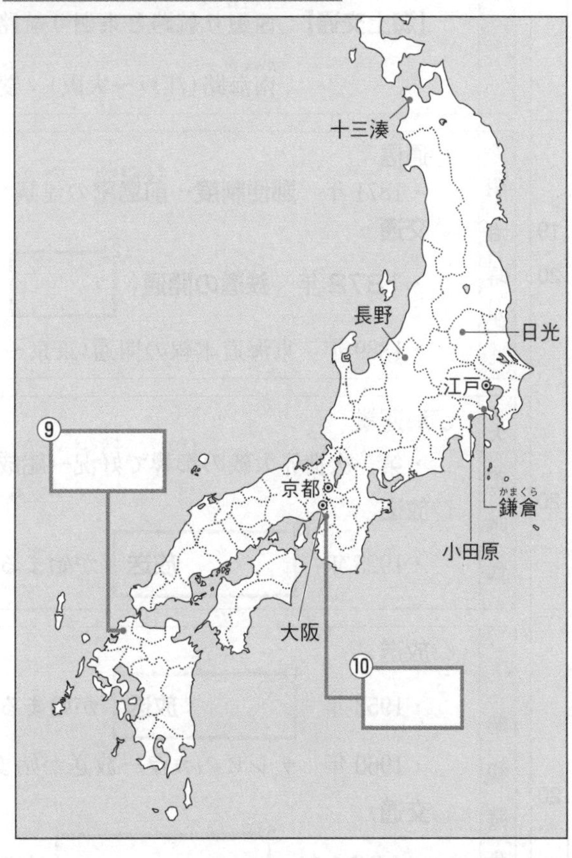

ここに注意！

- 第1次産業革命は，軽工業(紡績・製糸など)が中心。
- 第2次産業革命は，重工業(製鉄など)が中心。

42 交通・通信の歴史

60042

さきドリ

★ 海上交通(江戸時代) ➡ **西廻り航路・東廻り航路，菱垣廻船・樽廻船**
★ 鉄道 ➡ 1872 年に**新橋**～**横浜**間が開通，1964 年に**東海道新幹線**が開通

◆□にあてはまる語句や人名を答えなさい。

世紀	時代	できごと
12～14	鎌倉・室町	◎交通 ・**馬借**…交通の要地で物資などの運搬 ➡ 1　　・**問**…海運業・倉庫業者
17～19	江戸時代	◎交通 **【陸上交通】** **五街道**(①　　　・**中山道**・日光道中・奥州道中・甲州道中) ➡ 2 ・関所…通行人を監視。江戸の「**入鉄砲出女**」を特に注意した (大名が反乱のための武器を江戸へもちこむことや，江戸住まいの大名の妻が脱出することを監視した) **【海上交通】** 西廻り航路と東廻り航路の整備 南海路(江戸～大阪)：**菱垣廻船**・**樽廻船**の就航
19・20	明治時代	◎通信 ・1871 年　**郵便制度**…**前島密**の建議 ◎交通 ・**1872 年**　**鉄道の開通**(②　　　～**横浜**間) ➡ 3 ・1889 年　東海道本線の開通(東京～神戸間)
20	大正時代	◎海運業 ・第一次世界大戦の影響で好況→**船成金**の登場　　・**財閥**の形成 ↳内田汽船，山下汽船など ◎放送 ・1925 年　③　　　**放送** が始まる ➡ 4
20	昭和時代	◎放送 ・1953 年　④　　　**放送** が始まる ➡ 5 ・1960 年　テレビのカラー放送が始まる ◎交通 ・**1964 年**　⑤　　　が開通(東京～新大阪間) (東京オリンピック(1964 年 10 月)に合わせて開通した)

▲ 新幹線の開業

1 馬借

▲ 馬借のようす
年貢(ねんぐ)をはじめ，多くの物資を運んだ。

2 五街道

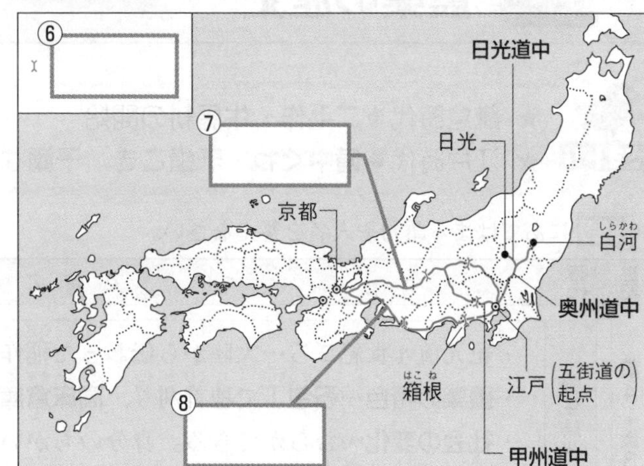

3 鉄道の開通

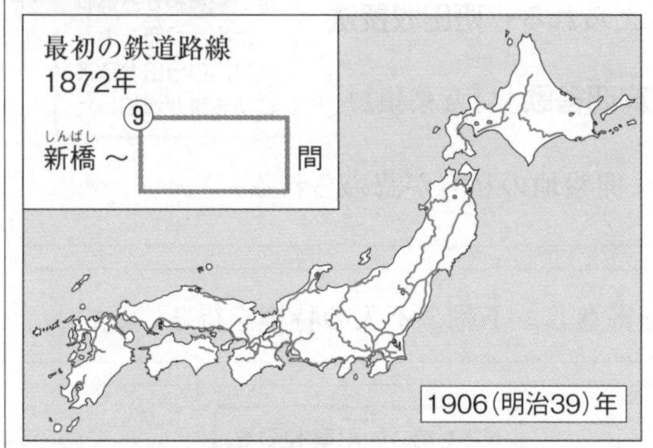

▲ 明治時代の鉄道の路線
1872年に開通した鉄道は，またたく間に日本各地に広がった。

▲ 明治時代の鉄道のようす
陸蒸気(おかじょうき)とよばれた蒸気機関車が見える。

4 ラジオ放送

大正時代になるとラジオ放送が始まった。写真は茶の間にラジオが置かれた当時の家庭のようす。

5 テレビ放送

昭和に入りテレビ放送が始まった。当時テレビは高価なものだったので，人々は街頭(がいとう)のテレビに熱中した。

時代チェック

● 室町時代に，物資などを運んだ業者は？
A 問　　B 馬借

答 B

43 農業の歴史

★ 鎌倉時代➡**二毛作・牛馬耕の開始**
★ 江戸時代➡**備中ぐわ・千歯こき・干鰯**などの普及

◆□にあてはまる語句や人名を答えなさい。

世紀	時代	できごと
前4～後3	弥生時代	・紀元前4世紀ごろ…大陸から伝わった**稲作**が広がる ・**農業の特色**…**石包丁**で穂首刈り，**高床倉庫**で保存，木製の農具 ➡ 1 ・**社会の変化**…むらができる。身分のちがい，**貧富の差**が生まれる ・**遺跡**…吉野ヶ里遺跡(佐賀県)，登呂遺跡(静岡県)，唐古・鍵遺跡(奈良県)など
8	奈良時代	・6歳以上の男女に ①□ が与えられる←**班田収授法**（重い税負担から逃れるため，戸籍を偽ったり，口分田から逃亡する者が増加した） ・当時の農民の生活→**山上憶良**の「**貧窮問答歌**」(『万葉集』) ・②□**法** が定められ，開墾地の私有が認められる
11・12	平安時代	**荘園の増加**…有力な貴族などに荘園を寄進し，不輸・不入の特権を得る
12・13	鎌倉時代	・近畿地方を中心に ③□（重要） が始まる（草木を焼いた灰(**草木灰**)を肥料にした） ・家畜を使用した**牛馬耕**が始まる ➡ 2
14～16	室町時代	・二毛作が関東地方まで拡大，水車や堆肥の使用が始まる ◎**広がる農村の自治** ・**惣**…農村の自治組織　・④□…農民が開いた会議（村のおきてなどを定めた） ・**一揆**…税の軽減などを要求し，農民が暴動をおこした
17～19	江戸時代	◎**農業技術の発展** ・**農具**…**備中ぐわ**・**千歯こき**・**千石どおし**・**唐箕**など ・**肥料(金肥)**…油かす・⑤□（いわしを加工） ◎**農政・農村の運営** ・⑥□（重要）**の制度**…年貢の連帯責任，犯罪の防止 ・**打ちこわし**…都市部で米屋を襲う　・**一揆**…農村での暴動

1 弥生時代の農業

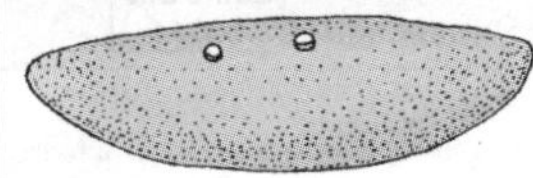
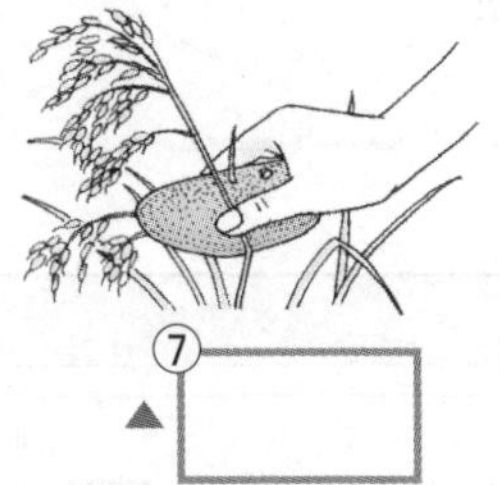

▲ ⑦［　　　］

半円形の石器で，稲の穂先を刈(か)りとった。

▲ 高床倉庫

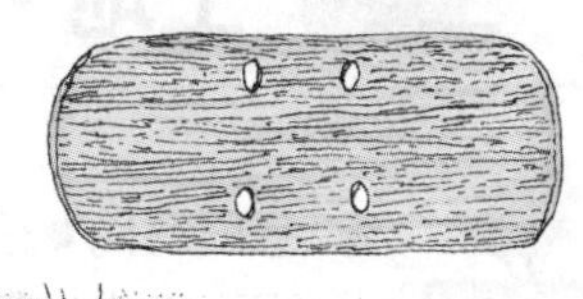
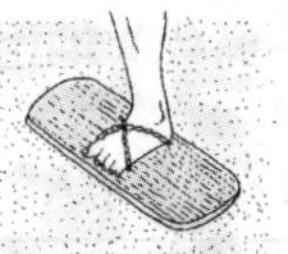

▲ 田げた

田植えのときに，足が深く沈(しず)まないようにはいた。

▲ 弥生時代の農村(春の水田)のようす(模型)

2 鎌倉〜室町時代の農業

▲ 牛耕の図

米の**裏作**(うらさく)に麦をつくる**二毛作**が始まった。**牛馬**を使った**耕作**は西日本を中心に普及(ふきゅう)した。

3 江戸時代の商品作物

▲ べにばな

花弁(かべん)から紅(べに)色の染(せん)料(りょう)をとった。

べにばなづくり ▶

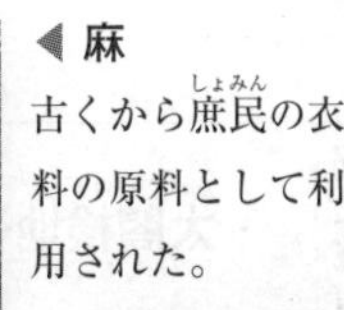

◀ 麻

古くから庶民(しょみん)の衣料の原料として利用された。

菜種(なたね)の花 ▶

種をしぼって油をとった。稲の裏作に栽培(さいばい)された。

時代チェック

● 二毛作が普及し，堆肥の使用が始まったのは何時代？
A 室町時代　　B 江戸時代

答 A

 44 # 土地・税の制度の歴史

60044

★ 奈良時代 ➡ **班田収授法，墾田永年私財法**(743 年)の制定
★ 明治時代 ➡ **地租改正**(1873 年実施，77 年改正)

◆ □ にあてはまる語句や人名を答えなさい。

世紀	時代	できごと
6・7	飛鳥時代	・646 年　改新の詔(かいしん みことのり)→土地と人々を ① □ とし，国家が直接支配 ➡ **1** ・670 年　最初の戸籍として庚午年籍(こうご ねんじゃく)がつくられた
8	奈良時代	・**班田収授法**(はんでんしゅうじゅのほう)… ② □ 年ごとに戸籍をつくり，**6 歳以上の男女に口分田(く ぶんでん)を分与** ・**新しい税制** ➡ **3** ・723 年　**三世一身法**(さんぜ いっしんのほう)…開墾地(かいこん)の私有を **3 代**に限り認める ・**743 年　墾田永年私財法**(こんでんえいねん し ざいのほう)…開墾地の永久私有を認める ｝ ③ □【重要】が発生 ➡ **1**
9〜12	平安時代	・荘園(しょうえん)を有力者に寄進(きしん)し，税を免除(めんじょ)される**不輸**(ふ ゆ)や，**不入**(ふ にゅう)の特権を得た ➡ **1** ↳ 貴族や寺院　　　　　　　　　　　　　　　　　↳ 役人の立ち入りを拒否できる
12〜14	鎌倉時代	④ □ の設置(1185 年)…｛源 頼朝(みなもとのよりとも)が荘園ごとに設置し，年貢(ねんぐ)の徴収，治安(ち あん)の維持にあたらせた→荘園領主と地頭の二重支配
16	安土桃山	・**太閤検地**(たいこうけんち)…全国の耕地の土地の面積，土地の生産性を調べる
17〜19	江戸時代	・幕府の直接の支配地(**幕領**)(ばくりょう)…旗本領(はたもと)を含め，全国の **4 分の 1** を支配 ・**享保の改革**(きょうほう)… ⑤ □ の開発(しょうれい)を奨励する
19・20	明治時代	⑥ □【重要】…｛1873 年，土地所有者に**地券**を発行して土地所有権を認める 地価の **3%** を現金で納入→ **2.5%** に引き下げ(1877 年)

1 土地制度の移りかわり

時代		
飛鳥時代	646年 **改新の詔** 701年 **大宝律令**(たいほうりつりょう)	**公地・公民**…土地と人々を国家が直接支配 6歳以上の男女に口分田を分与した
奈良時代	723年 **三世一身法** 743年 **墾田永年私財法**	口分田が不足し，**土地の私有**を認める ↓ 寺院や貴族などの私有地(⑦ □)が生まれる
平安時代	荘園の増加	有力者に荘園を寄進し，不輸・不入の特権を得る
安土桃山時代	1582年 ⑧ □	耕作者の土地所有権を認め，年貢を納めさせる ↓ 荘園制度が終わる

2 条里制のしくみ

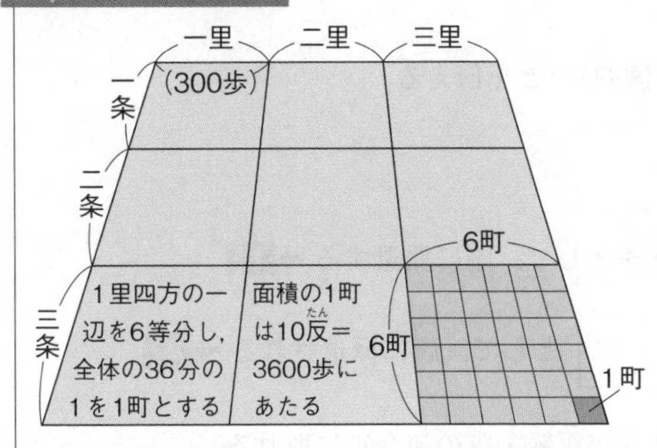

▲**条里(じょうり)制の跡** 奈良時代より，田畑を区画する条里制が行われた。

3 新しい税制

	(内 容)	(負担者)	(納税先)
⑨ □	収穫した稲の3％を納める	男女	国司(こくし)に納める
⑩ □	労役(ろうえき)のかわりに布などを納める	男子のみ	都まで運搬(うんぱん) ↓ 荷札に木簡(もっかん)
⑪ □	各地の特産物などを納める	男子のみ	

時代チェック

● 1873年の地租改正で定められた納入額(地租)について，正しいのはどっち？
A 地価の2.5％　　B 地価の3％

答 B

45 日本の外交史(弥生時代～江戸時代)

60045

★ 607年に**遣隋使**(小野妹子), 630年に**遣唐使**(犬上御田鍬ら)の派遣
★ 平清盛の時代に**日宋貿易**, 足利義満の時代に**日明(勘合)貿易**の開始

◆□にあてはまる語句や人名を答えなさい。

世紀	日本	中国	年代	できごと
前4～2	弥生時代	秦	紀元前4世紀	大陸から移り住んだ人々が, **稲作**(いなさく)や**金属器**を伝える →弥生時代の始まり
前1		漢	紀元後1世紀	倭の**奴国**(なこく/なのくに)の王が後漢の光武帝(こうぶてい)より**金印**(きんいん)を授(さず)かる(『後漢書(ごかんじょ)』東夷伝(とういでん))
1・2		三国	3世紀	**邪馬台国**(やまたいこく/やまとこく)の**卑弥呼**(ひみこ)が「**親魏倭王**(しんぎわおう)」の称号を授かる(『**魏志倭人伝**(ぎしわじんでん)』)
3	古墳時代	晋	5世紀	①□が**漢字**(かんじ)・**儒学**(じゅがく)(**儒教**)などを伝える
4～6		南北朝	538	**百済**(くだら/ひゃくさい)から**仏教**(ぶっきょう)が伝わる
		隋	**607**	聖徳太子(しょうとくたいし)が小野妹子(おののいもこ)を**遣隋使**(けんずいし)として, 隋に派遣する ➡1
7	飛鳥時代	唐	**630**	犬上御田鍬(いぬかみのみたすき)が第1回 ②□として, 唐(とう)に派遣される ➡2
			663	**白村江の戦い**(はくすきのえ/はくそんこう)がおこる→日本が新羅(しらぎ/しんら)・唐の連合軍に敗れる
8	奈良時代		894	菅原道真(すがわらのみちざね)の進言により, 遣唐使(けんとうし)が停止される
9	平安時代			
10～12		宋	1173	▸このころ, **平清盛**(たいらのきよもり)が ③□**貿易**(注意)を始める
	鎌倉時代		1274 1281	④□(重要)(**文永**(ぶんえい)**の役**(えき)・**弘安**(こうあん)**の役**)がおこる
13～15	室町時代	元		▸このころ, ⑤□が中国や朝鮮の沿岸部を荒(あ)らし回る
			1404	**足利義満**(あしかがよしみつ)が ⑥□**貿易**(注意)(**勘合貿易**)を始める
16	安土桃山時代	明	1592 1597	豊臣秀吉(とよとみひでよし)が朝鮮へ出兵する
	江戸時代		1607	▸朝鮮から祝賀の使節(⑦□)が日本を訪れる
17			1639	ポルトガル船の来航禁止
				→**中国**と**オランダ**との貿易は許可 ➡3

1 ▶ 7世紀前半の東アジア

- ┴┴┴ 隋代の運河
- ▨ 最大領域(610年ごろ)
- ( )内は運河の建設年代

東突厥

吐蕃（チベット）

長安（西安）　シーアン（西安）

黄河（605）

涿郡（北京）タクグン（ペキン）

江都（南京）ナンキン（南京）

長江

8

9

10

11

500km

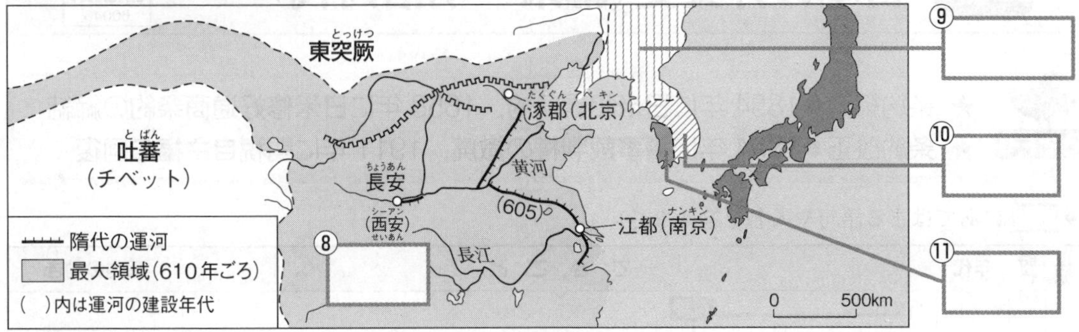

2 ▶ 遣唐使

▼ 遣唐使の派遣

出発	帰国	おもな使節・同行者
630	632	犬上御田鍬
702	704	山上憶良（やまのうえのおくら）
717	718	阿倍仲麻呂（あべのなかまろ）・吉備真備（きびのまきび）
752	754	鑑真（がんじん）が来日
804	805, 06	最澄・空海
894 停止	12 　　　　の建議（けんぎ）	

阿倍仲麻呂は帰国をはたせず，唐で一生を過ごした。平城京（へいじょうきょう）の都を思って，「天の原　ふりさけ見れば　春日（かすが）なる　三笠（みかさ）の山に　出（い）でし月かも」とよんだ。

▼ 遣唐使のルート

- ── 日本と唐・渤海間のおもな交通路
- ( )内は現在名

0　600km

渤海（ぼっかい）

新羅

日本海

平安京（京都）

平城京（奈良）

難波（大阪）

博多（福岡）

黄海

長安（西安）

唐

東シナ海

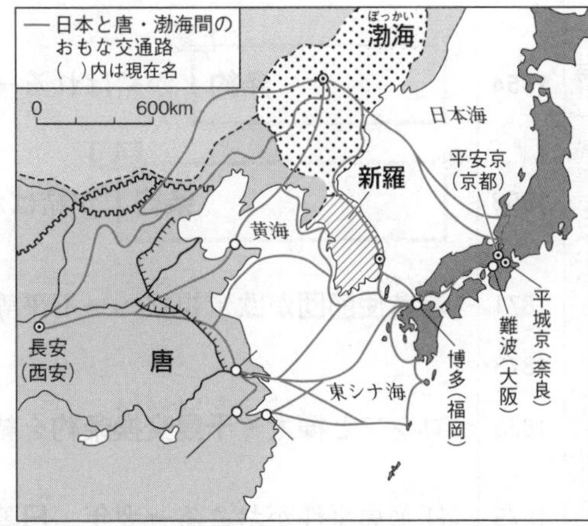

遣唐使の船は，初期のころは北九州の博多（はかた）（福岡市）から対馬（つしま）をへて，新羅の沿岸を通り黄海を横断する**北路**をとっていた。奈良時代には，南九州の南西諸島から東シナ海を横断する**南路**をとった。

3 ▶ 江戸時代の鎖国中の交易

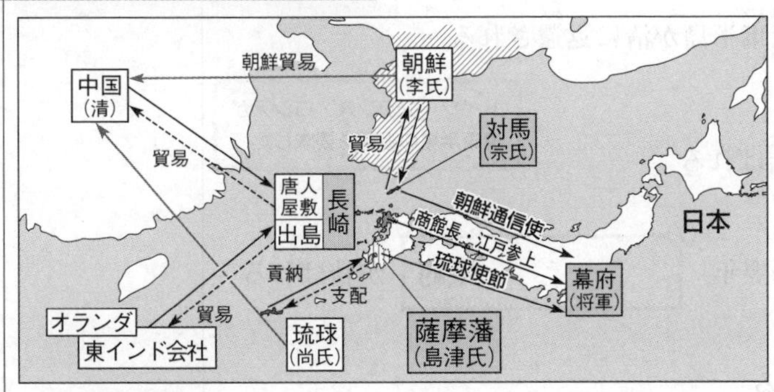

朝鮮貿易

中国（清）

朝鮮（李氏）

対馬（宗氏）

貿易

貿易

唐人屋敷出島　長崎

朝鮮通信使

日本

商館長・江戸参上

琉球使節

幕府（将軍）

貢納

支配

オランダ東インド会社

琉球（尚氏）

薩摩藩（島津氏）

貿易

▲ 外交と貿易のようす

▲ 長崎の出島

13 　　　　　　　との貿易が行われた。

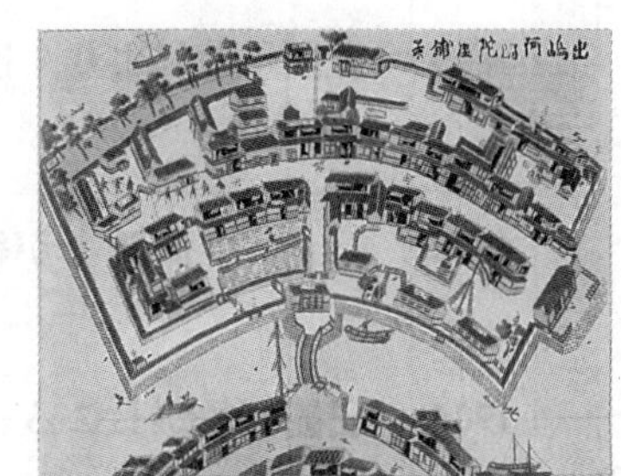

時代チェック

- 平清盛が行ったのは何貿易？
  - A 日明貿易　　B 日宋貿易

 答 B

46 日本の外交史（幕末〜明治時代）

60046

★ 条約締結 ➡ 1854年に**日米和親条約**，1858年に**日米修好通商条約**の締結
★ 条約改正 ➡ 1894年に**領事裁判権**の撤廃，1911年に**関税自主権**の回復

◆ □ にあてはまる語句や人名を答えなさい。

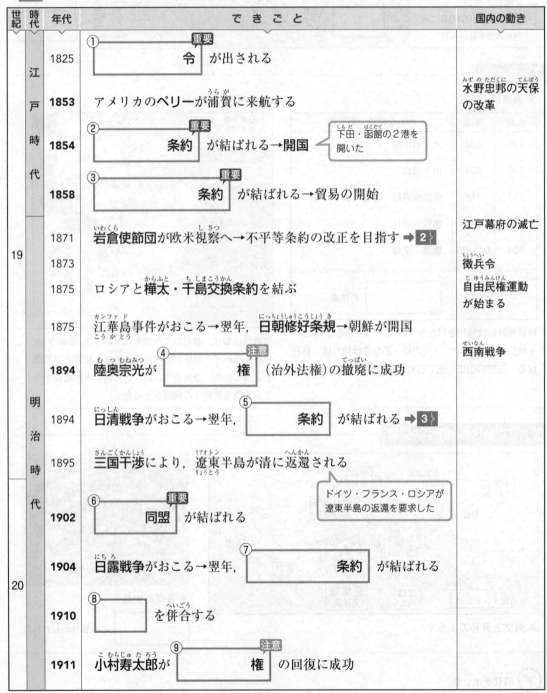

世紀	時代	年代	できごと	国内の動き
19	江戸時代	1825	① [　　　**令**　　　] **重要** が出される	水野忠邦の天保の改革
		1853	アメリカの**ペリー**が浦賀(うらが)に来航する	
		1854	② [　　　**条約**　　　] **重要** が結ばれる→**開国**　下田(しもだ)・函館(はこだて)の2港を開いた	
		1858	③ [　　　**条約**　　　] **重要** が結ばれる→貿易の開始	
	明治時代	1871	**岩倉使節団**(いわくら)が欧米視察(しさつ)へ→不平等条約の改正を目指す ➡ 2	江戸幕府の滅亡
		1873		徴兵令(ちょうへい)
		1875	ロシアと**樺太・千島交換条約**(からふと・ちしまこうかん)を結ぶ	自由民権運動(じゆうみんけん)が始まる
		1875	**江華島事件**(カンファド・こうかとう)がおこる→翌年，**日朝修好条規**(にっちょうしゅうこうじょうき)→朝鮮が開国	西南戦争(せいなん)
		1894	**陸奥宗光**(むつむねみつ)が ④ [　　　**権**　　　] **注意** (治外法権)の撤廃(てっぱい)に成功	
		1894	**日清戦争**(にっしん)がおこる→翌年，⑤ [　　　**条約**　　　] が結ばれる ➡ 3	
20		1895	**三国干渉**(さんごくかんしょう)により，遼東半島(リアオトン・りょうとう)が清に返還(へんかん)される　ドイツ・フランス・ロシアが遼東半島の返還を要求した	
		1902	⑥ [　　　**同盟**　　　] **重要** が結ばれる	
		1904	**日露戦争**(にちろ)がおこる→翌年，⑦ [　　　**条約**　　　] が結ばれる	
		1910	⑧ [　　　　　] を併合(へいごう)する	
		1911	**小村寿太郎**(こむらじゅたろう)が ⑨ [　　　**権**　　　] **注意** の回復に成功	

1 幕末〜明治時代の外交の舞台

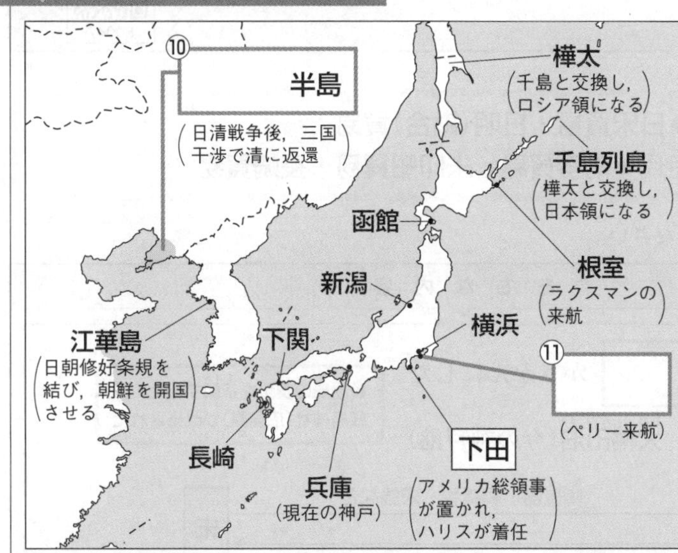

▲ハリス

初代アメリカ駐日総領事として下田に着任。日本の幕府に通商をせまり，1858年，日米修好通商条約の調印に成功した。

2 岩倉使節団

左から木戸孝允，山口尚芳，岩倉具視，伊藤博文，大久保利通。

3 下関講和会議

伊藤博文や陸奥宗光らが出席した。手前は清国の代表。

4 19世紀後半の世界

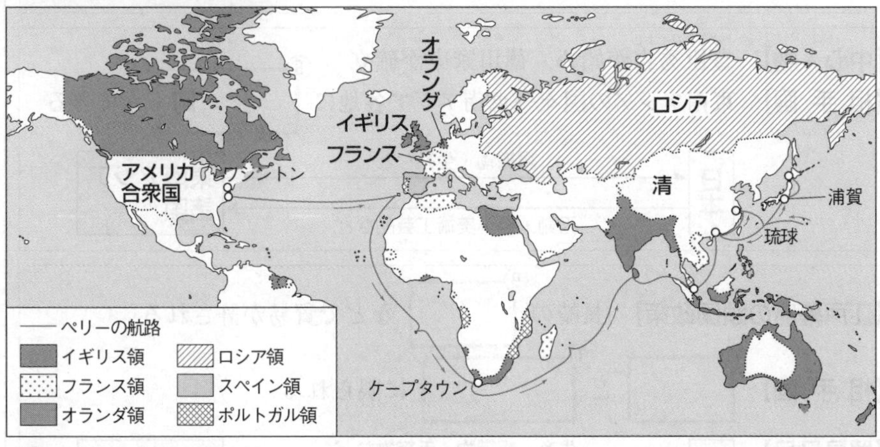

時代チェック

● 小村寿太郎が実現させたできごとは？

A 領事裁判権の撤廃　　B 関税自主権の回復

答 B

貿易の歴史

★ 平安時代～室町時代 ➡ **日宋貿易・日明(勘合)貿易**
★ 安土桃山時代～江戸時代 ➡ **南蛮貿易・朱印船貿易・長崎貿易**

◆ □ にあてはまる語句や人名を答えなさい。

世紀	時代	貿易	おもな内容
8 9 10 11 12	平安時代	① □ 貿易	【中心人物】 ② □ がさかんにした 【中心となった港】 大輪田泊(今の神戸港) (貿易船の安全を祈願するため，厳島神社(広島県)が改修された) 【貿易品目】 日本 ← 陶磁器・絹織物・宋銭など ← 宋 日本 → 金・水銀・刀剣・漆器など → 宋
13	鎌倉		
14 15	室町時代	日明貿易 ➡ 1	【中心人物】 室町幕府３代将軍 ③ □ が始めた 【背　　景】 貿易船と倭寇の船を区別する割札(④ □ **重要**)を用いた 【貿易品目】 日本 ← 明銭・生糸・絹織物・陶磁器など ← 明 日本 → 硫黄・金・刀剣・扇・まき絵など → 明
16	安土桃山時代	⑤ □ 貿易 **重要**	【相 手 国】 ヨーロッパの**スペイン**や ⑥ □ が中心 【きっかけ】 1543年，ポルトガル人が**種子島**に漂着し，鉄砲が伝わる 【貿易品目】 日本 ← 鉄砲・火薬・生糸など ← スペイン ポルトガル 日本 → 銀・刀剣など → スペイン ポルトガル
17	江戸時代	⑦ □ 貿易	【中心人物】 豊臣秀吉が始め，徳川家康が確立 【相 手 国】 東南アジアの国々→東南アジア各地に ⑧ □ 町 ができる 日本 ← 絹織物・生糸など ← 東南アジア諸国 日本 → 刀剣・銅・美術工芸品など → 東南アジア諸国
18 19	江戸時代	長崎貿易	【江戸幕府の鎖国政策】 長崎の ⑨ □ などで貿易が許される 【相 手 国】 ⑩ □ と ⑪ □ に限られる 【貿易品目】 日本 ← 生糸・絹織物・毛織物など ← 中国 オランダ 日本 → 銀・銅・陶磁器・海産物など → 中国 オランダ

1 室町時代の貿易

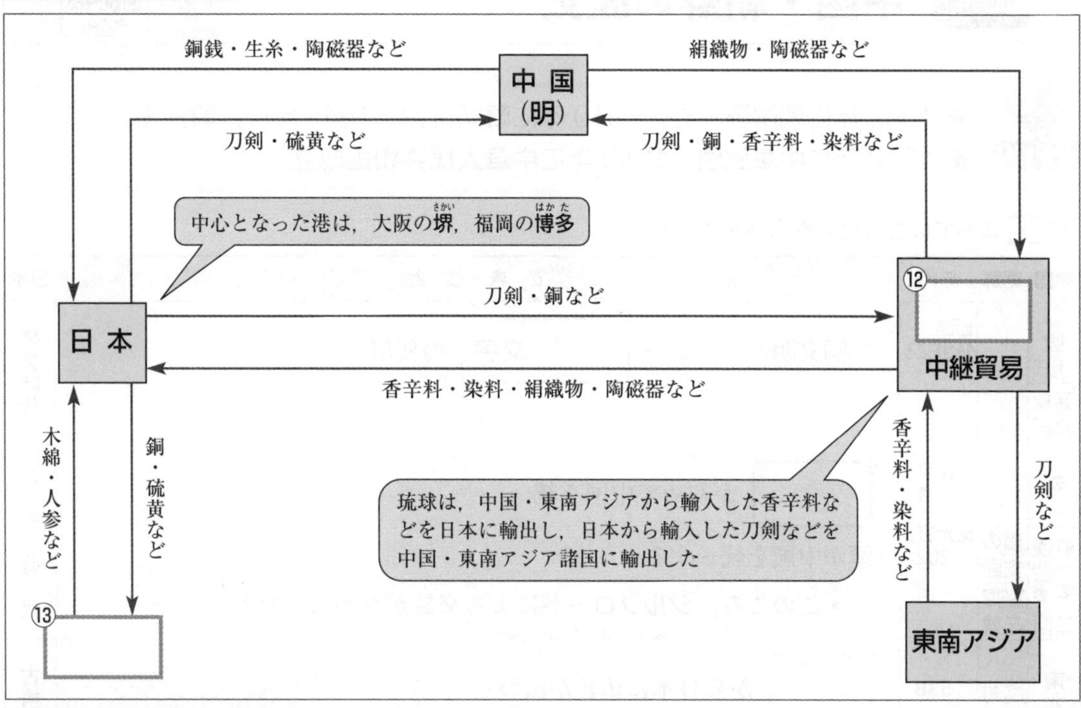

2 日本と外国を結んだ船

▲遣唐使船

日本から唐に派遣された船。留学生や留学僧も同行した。

▲遣明船

日明貿易で日本から明へ派遣した船。明から交付された割札を持参することを義務づけられた。

▲勘合

▲南蛮船

▲朱印船

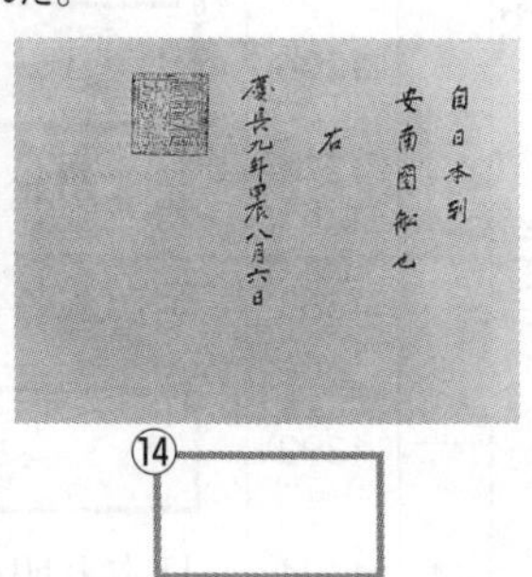

⑭

朱印船貿易で，幕府が渡航を許可した船に発行した。

時代チェック

● 朱印船貿易と関連の深い人物はどっち？

A 徳川家康　　B 徳川家光

 A

48 中国・朝鮮の歴史

60048

★ 1392 年に**朝鮮国**成立，1910 年に**韓国併合**，1948 年に**大韓民国**成立
★ 1912 年に**中華民国**，1949 年に**中華人民共和国**成立

◆ ＿＿ にあてはまる語句や人名を答えなさい。

中国	朝鮮	年代	できごと	日本
殷 周 春秋 戦国		紀元前 16 世紀ごろ	**中国文明**がおこる→ ①＿＿**文字** の使用	縄文時代
秦		紀元前 221	②＿＿ が初めて中国を統一	弥生時代
前漢	漢の 支配	紀元前 202	**漢**が中国を統一する	
後漢 三国	高句麗 三韓		‣このころ，**シルクロード**による交易がさかんになる ↳絹の道とよばれる	
南北朝	高句麗	**538**	③＿＿ から日本に仏教が伝わる	古墳時代
隋	新羅	589	**隋**（ずい）が中国を統一する	
	百済	618	隋が滅（ほろ）び，④＿＿ がおこる	飛鳥時代
唐		676	**新羅**（しらぎ／しんら）が朝鮮半島を統一する	
	新羅		唐で ⑤＿＿ と呼ばれる法律が整理される	奈良時代
		907	唐が滅ぶ	平安時代
五代		936	**高麗**（こうらい）が朝鮮半島を統一する	
北宋		960	**宋**（そう）がおこる→**日宋貿易**が開かれる	
南宋 モンゴル	高麗	**1206**	⑥＿＿ 重要 が**モンゴル帝国**を立てる	鎌倉時代
元		1274 1281	元軍が北九州を襲（おそ）う（**元寇**（げんこう））	
		1368	**明**（みん）がおこる	室町時代
明		1392	⑦＿＿ （李氏（りし）朝鮮）がおこる　李成桂（イソンゲ／りせいけい）が高麗を滅ぼして建国した	
		1404	日本と明の間に，**日明**（にちみん）**（勘合**（かんごう）**）貿易**が開かれる	
	朝鮮	1592 1597	**豊臣秀吉**（とよとみひでよし）の**朝鮮出兵**	安土桃山
		1641	江戸幕府による**鎖国**（さこく）の体制が固まる	江戸時代
		1644	明が滅ぶ	

▲ チンギス・ハン

中国	朝鮮	年代	できごと	日本
清	朝鮮	1840	清とイギリスの間で ⑧［　　］**戦争** がおこる	江戸時代
清	朝鮮	**1894**	朝鮮でおきた ⑨［　　］**戦争** がきっかけで**日清戦争**がおこる	明治時代
清	朝鮮	1895	→**下関講和会議**が開かれる	明治時代
清	大韓帝国	**1904**	**日露戦争**がおこる	明治時代
清	大韓帝国	**1910**	日本が**韓国を併合**する	明治時代
清	日本の植民地	1911	清で ⑩［　　］**革命**（重要） がおこる	明治時代
中華民国	日本の植民地	1912	→**中華民国**が成立する	大正時代
中華民国	日本の植民地	1914	第一次世界大戦がおこる	大正時代
中華民国	日本の植民地	1915	日本が中国に**二十一か条の要求**を出す	大正時代
中華民国	日本の植民地	1919	朝鮮で ⑪［　　］**運動** がおこる	大正時代
中華民国	日本の植民地		中国で ⑫［　　］**運動** がおこる	大正時代
中華民国	日本の植民地	1931	**柳条湖事件**を機に ⑬［　　］（重要） がおこる	昭和時代
中華民国	日本の植民地	1937	**盧溝橋事件**を機に**日中戦争**が始まる	昭和時代
中華民国	日本の植民地	1945	日本の敗戦	昭和時代
中華民国	大韓民国／朝鮮民主主義人民共和国	1948	**大韓民国**（韓国）・**朝鮮民主主義人民共和国**（北朝鮮）が成立する	昭和時代
中華人民共和国	大韓民国／朝鮮民主主義人民共和国	1949	**中華人民共和国**が成立する	昭和時代
中華人民共和国	大韓民国／朝鮮民主主義人民共和国	**1950**	⑭［　　］**戦争**（重要） がおこる	昭和時代
中華人民共和国	大韓民国／朝鮮民主主義人民共和国	1965	**日韓基本条約**が結ばれる	昭和時代
中華人民共和国	大韓民国／朝鮮民主主義人民共和国	1972	**日中共同声明**→中国と国交が正常化する ↳田中角栄内閣が発表した	昭和時代
中華人民共和国	大韓民国／朝鮮民主主義人民共和国	2000	韓国・北朝鮮の南北首脳会談が開かれる ↳韓国の金大中首脳と北朝鮮の金正日首脳が会談した	平成時代

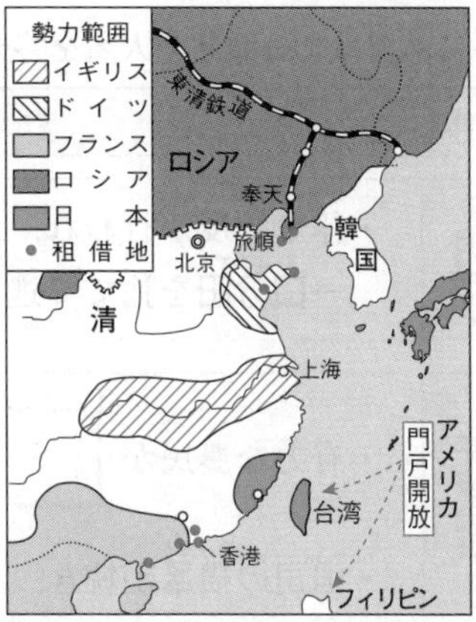

勢力範囲
イギリス
ドイツ
フランス
ロシア
日本
● 租借地
東清鉄道 ロシア 奉天 旅順 北京 韓国 清 上海 アメリカ 門戸開放 台湾 香港 フィリピン

▲ 列強の中国分割（20世紀初め）

8章

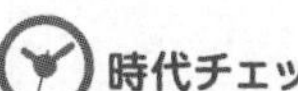
時代チェック

● 李成桂が建国した国は？
A 高麗　B 朝鮮国

答 B

49 民衆の動き

★ 室町時代 ▶ **正長の土一揆・山城国一揆・加賀の一向一揆**
★ 江戸時代 ▶ **島原・天草一揆・百姓一揆・打ちこわし**

◆□にあてはまる語句や人名を答えなさい。

世紀	時代	できごと
8	奈良時代	・律令(りつりょう)制度が行われ，農民に重い税が課せられた →**口分田**(くぶんでん)を捨てて逃亡(とうぼう)したり，戸籍(こせき)をごまかす農民が増えた
9 10 11	平安時代	・有力な農民が ①□ と呼ばれるようになった ・国司(こくし)の横暴(おうぼう)が続き，農民が訴(うった)えることもあった→尾張(おわり)国の国司**藤原元命**(もとなが)
12 13	鎌倉時代	・農民は領主と地頭(じとう)の二重支配を受けた
14 15 16	室町時代	・農村での自治組織(②□ 重要)がつくられる→**寄合**(よりあい)で村のおきてを定めた ↳農村での会議 ・1428年 ③□ がおこる→近江(おうみ)の馬借(ばしゃく)や農民が徳政(とくせい)を要求 ➡ 1 ・1485年 ④□ がおこる→守護(しゅご)大名(畠山(はたけやま)氏)を追放し，8年間の自治 ・1488年 **加賀(かが)の一向一揆**(いっこういっき)がおこる→守護大名を滅(ほろ)ぼし，約100年間の自治
17 18 19	江戸時代	・⑤□ の制度…防犯や納税の連帯責任を負(お)わせた ・1637年 ⑥□ **一揆** 重要 …キリスト教信者や百姓がおこす ➡ 2 ▸**天明**(てんめい)**のききん**・**天保**(てんぽう)**のききん**がおこる →農村で**百姓一揆**，都市で**打ちこわし**がおこる
20	大正時代	・1918年 ⑦□ 重要 がおこる→富山県から全国へ広がる ・1920年代 { 労働者が**労働争議**(そうぎ)をおこす→日本労働総同盟の結成 農民が**小作**(こさく)**争議**をおこす→日本農民組合の結成

1 一揆の発生地

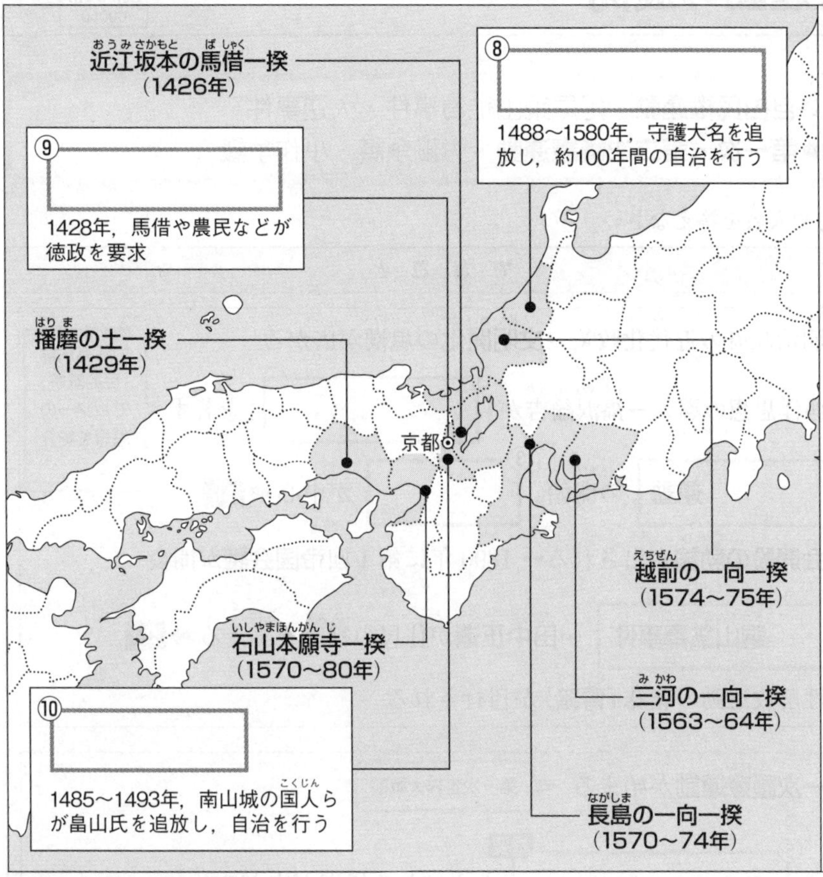

近江坂本の馬借一揆
(1426年)

⑨ [　　　　]
1428年，馬借や農民などが徳政を要求

播磨の土一揆
(1429年)

⑧ [　　　　]
1488〜1580年，守護大名を追放し，約100年間の自治を行う

京都

越前の一向一揆
(1574〜75年)

石山本願寺一揆
(1570〜80年)

三河の一向一揆
(1563〜64年)

⑩ [　　　　]
1485〜1493年，南山城の国人らが畠山氏を追放し，自治を行う

長島の一向一揆
(1570〜74年)

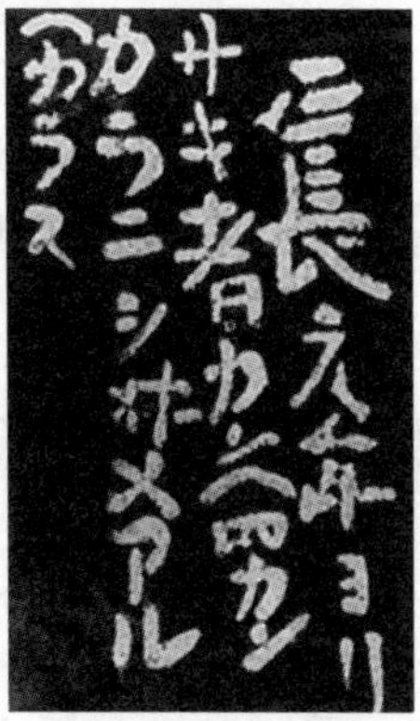

▲正長の土一揆の成果を刻んだ碑文

正長元年ヨリ
サキ者カンヘ四カン
カウニ　ヲヰメアル
ベカラズ
(正長元年より前の負い目＝借金は、
神戸四か郷では帳消しにする)

2 禁教の強化と一揆

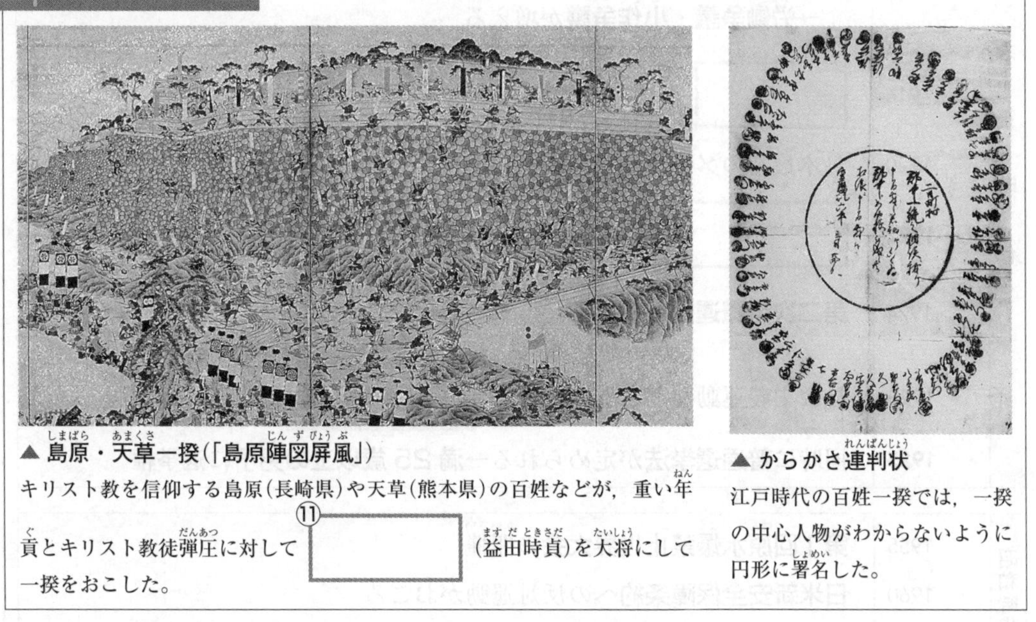

▲島原・天草一揆(「島原陣図屏風」)

キリスト教を信仰する島原(長崎県)や天草(熊本県)の百姓などが，重い年貢とキリスト教徒弾圧に対して ⑪ [　　　　] (益田時貞)を大将にして一揆をおこした。

▲からかさ連判状

江戸時代の百姓一揆では，一揆の中心人物がわからないように円形に署名した。

ここに注意！

- 18〜19 世紀に**農村**で農民らがおこしたのは**百姓一揆**。
- 18〜19 世紀に**都市**で町人や百姓らがおこしたのは**打ちこわし**。

50 社会運動の展開

★ 明治時代 ▶ **自由民権運動**・**足尾銅山鉱毒事件**・**大逆事件**
★ 大正時代 ▶ **第一次・第二次護憲運動**・**労働争議**・**小作争議**

◆□にあてはまる語句や人名を答えなさい。

世紀	時代	年代	できごと
19	明治時代		・明治政府の近代化政策→**文明開化**の風潮が広がる
			・西洋思想の導入→**福沢諭吉**が『①□』を著す（中江兆民は『民約訳解』でルソーの思想を紹介した）
		1874	②□**運動**の開始。③□が中心 ➡ 1
		1881	**国会開設の勅諭**が出される→1890年に第1回**帝国会議**が開会
		1891	④□**銅山鉱毒事件**…**田中正造**が住民の被害を訴える ➡ 2
20		1911	女性解放運動の雑誌『**青鞜**』が刊行される
	大正時代	**1912**	**第一次護憲運動**が始まる（第一次世界大戦前）
			→⑤□【重要】とよばれる風潮が広がる
			→**労働争議**・**小作争議**が増える
		1916	⑥□が**民本主義**を唱える（第一次世界大戦中）
		1920	日本最初の**メーデー**(労働者の祝日)が行われる ➡ 3
		1922	⑦□が結成される
		1924	**第二次護憲運動**がおこる（第一次世界大戦後）
		1925	社会主義運動などを取りしまる⑧□**法**【重要】が定められる
		1925	同時に**普通選挙法**が定められる→**満25歳以上の男子**に選挙権
	昭和時代	1955	**第1回原水爆禁止世界大会**の開催
		1960	**日米新安全保障条約**への反対運動がおこる
		1960年代	▸**四大公害病**が社会問題となり，公害反対の住民運動が高まる ➡ 4

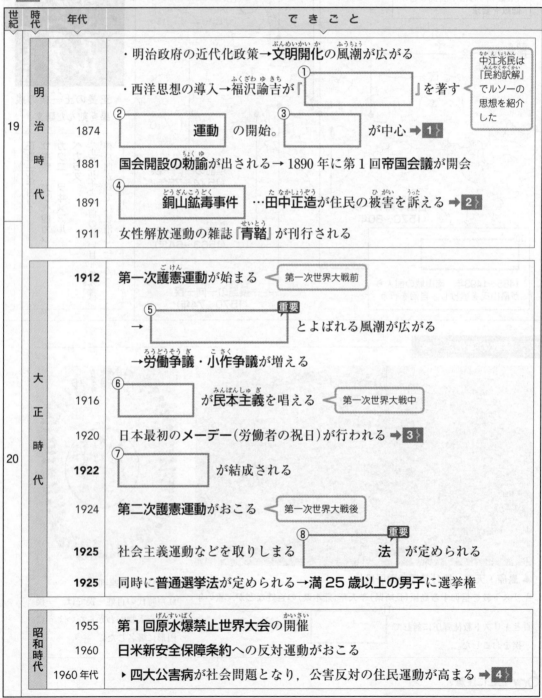

1 自由民権運動の展開

年代	内容
1874 年	**民撰議院設立の建白書**を政府に提出
1880 年	**国会期成同盟**が結成される，集会条例が出される
1881 年	**国会開設の勅諭**が出される 板垣退助らが**自由党**を結成する
1882 年	大隈重信らが**立憲改進党**を結成する
1884 年	秩父事件（埼玉県）で多くの自由党員や農民が逮捕される
1885 年	**内閣制度**が発足する
1890 年	第１回**帝国議会**の開催

2 田中正造

3 大正時代の社会運動

▲ 第１回メーデーのようす

５月１日のメーデー。労働者らが最低賃金制や８時間労働制などを要求し，行動をおこした。

▲ 普通選挙権を求める演説会

普通選挙権は 1925 年の選挙法の改正で実現したが，女性には認められなかった。

4 四大公害病

公害病名	原因物質	発生場所
⑨［　　　　］病	有機水銀	熊本県水俣湾周辺
新潟水俣病	有機水銀	新潟県阿賀野川流域
⑩［　　　　］	亜硫酸ガス	三重県四日市市
⑪［　　　　］病	カドミウム	富山県神通川流域

時代チェック

● 板垣退助と関連が深いのはどっち？

A 愛国社　　B 立憲改進党

答 A

おもな天皇・将軍

★ **桓武天皇**➡794年に平安京遷都，**白河上皇**➡1086年に院政を開始
★ **源頼朝**➡鎌倉幕府，**足利尊氏**➡室町幕府，**徳川家康**➡江戸幕府を開く

◆□にあてはまる語句や人名を答えなさい。

◎おもな天皇

世紀	時代		できごと
5	古墳時代	**仁徳天皇**	5世紀ごろ。**大仙古墳**に葬られていると考えられる
6	飛鳥時代	**推古天皇**	日本最初の女帝。**聖徳太子**を**摂政**にし，政治にあたらせた
7	飛鳥時代	①□天皇	**中大兄皇子**が即位。**大化の改新**，**白村江の戦い**の後，大津宮(滋賀県)に都を移す
7	飛鳥時代	**天武天皇**	大海人皇子が**壬申の乱**で大友皇子に勝利し，即位した
8	奈良時代	②□天皇 重要	諸国に**国分寺**・**国分尼寺**，都に**東大寺**を造立する命令を出す。**天平文化**が栄える
8	平安時代	③□天皇 重要	794年，**平安京**に都を移す。律令政治の立て直しをはかる
11	平安時代	**白河上皇**	1086年，天皇の位を退いて上皇となり，**院政**を始める
13	鎌倉時代	④□上皇	1221年，**承久の乱**で鎌倉幕府に対し兵をあげる。敗れて隠岐(島根県)へ流刑となる
14	室町時代	⑤□天皇	1333年，鎌倉幕府を倒し，**建武の新政**を行う。**足利尊氏**の裏切りにより，**吉野**(奈良県)にのがれる→**南朝**を開く

◎おもな将軍(執権)

世紀	時代			できごと
12	鎌倉時代	将軍	⑥□ 重要	平治の乱で**平清盛**に源氏が敗れ，伊豆に流刑。1180年に挙兵し，平氏を滅亡させ**1185年**に**鎌倉幕府**を開いた
13	鎌倉時代	執権	**北条義時**	鎌倉幕府の**執権**。**承久の乱**で**後鳥羽上皇**を破り，執権政治の基礎をつくった
13	鎌倉時代	執権	**北条泰時**	1232年，武家最初の法律である**御成敗式目**(貞永式目)を定める
13	鎌倉時代	執権	⑦□	モンゴル襲来(**元寇**)の時，**御家人**をまとめ，勝利した

◎おもな将軍

14	室町時代	⑧ 重要	鎌倉幕府を滅ぼした後，建武の新政を始めた後醍醐天皇を吉野に追い，**室町幕府**を開いた
14	室町時代	⑨	室町幕府３代将軍。**南北朝の統一**。**日明(勘合)貿易**を始める。**金閣**を造立
15	室町時代	⑩	室町幕府８代将軍。**銀閣**を造立。**応仁の乱**(1467年)がおこる
16			
17	江戸時代	⑪ 重要	**関ヶ原の戦い**(1600年)で勝利して実権をにぎり，**1603年**に**江戸幕府**を開いた
17	江戸時代	**徳川秀忠**	江戸幕府の２代将軍。**武家諸法度**の制定や**大阪の陣**などを家康とともに進めた
17	江戸時代	⑫ 重要	３代将軍。**参勤交代**を正式に定める。また，**鎖国の完成**を行った
18	江戸時代	⑬	紀伊徳川家出身の８代将軍。江戸の三大改革の１つ，**享保の改革**を実施した
19	江戸時代	⑭	15代将軍。**大政奉還**を行い，江戸幕府の幕を閉じた

▲ 源頼朝

▲ 後醍醐天皇

▲ 足利義満

▲ 大政奉還を表明する15代将軍慶喜

徳川慶喜 ▶

▲ 徳川家康

▲ 徳川吉宗

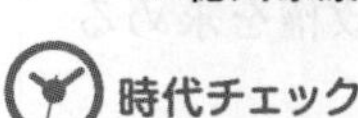
時代チェック

● 正しい組み合わせはどっち？

A 後醍醐天皇―承久の乱　B 足利義政―応仁の乱

B

10章

52 歴史上で活躍した女性

60052

★ **卑弥呼**➡邪馬台国の女王，**北条政子**➡尼将軍
★ **与謝野晶子**➡歌人，**平塚らいてう**・市川房枝➡女性運動家

◆□にあてはまる語句や人名を答えなさい。

世紀	時代		できごと
3	弥生時代	① [　　　] 重要	**邪馬台国**の女王。『**魏志倭人伝**』には，魏に朝貢し，「**親魏倭王**」の称号を得たと記されている➡1
6	飛鳥時代	② [　　　] 天皇	**日本最初の女性の天皇**。おいの**聖徳太子**を**摂政**にして政治にあたらせた
8	奈良時代	元明天皇	天智天皇の子。**和同開珎**の鋳造や**平城京**の造営を手がけた
10	平安時代	清少納言	『枕草子』の作者。藤原定子に仕えた
11		紫式部	『源氏物語』の作者。藤原彰子に仕えた➡2
12・13	鎌倉時代	③ [　　　] 重要	源頼朝の妻。頼朝の死後に出家。幕府の実権をにぎり，**尼将軍**と呼ばれた➡3
16	安土桃山時代	阿国	出雲(島根県)の出身。**かぶき踊り**を始めた
19・20	明治時代	④ [　　　]	7歳で**岩倉使節団**に同行し，女子留学生としてアメリカに渡る。帰国後，**女子英学塾**(現在の津田塾大学)を創設➡4
		樋口一葉	小説家。『たけくらべ』『にごりえ』などを著す➡5
		⑤ [　　　]	歌人。歌集『みだれ髪』。日露戦争に文学者の立場で反対した➡5
		平塚らいてう(ちょう)	機関誌『**青鞜**』を刊行。女性の地位向上をめざした➡5
20	大正・昭和時代	市川房枝	平塚らいてうとともに新婦人協会を結成。婦人参政権を求める運動を展開した

1 卑弥呼

邪馬台国にはもともと男の王がいたが，その後国が乱れたので一人の女子を王とした。名を**卑弥呼**という。女王の卑弥呼は神につかえ，まじないによって政治を行い，宮殿の奥深くに住んで姿を見せず，1000人もの召使いを使っていた。卑弥呼が死ぬと，大きな墓がつくられ，100人もの奴婢(奴隷)がともにうずめられた。

▲『魏志倭人伝』に記された卑弥呼

2 源氏物語

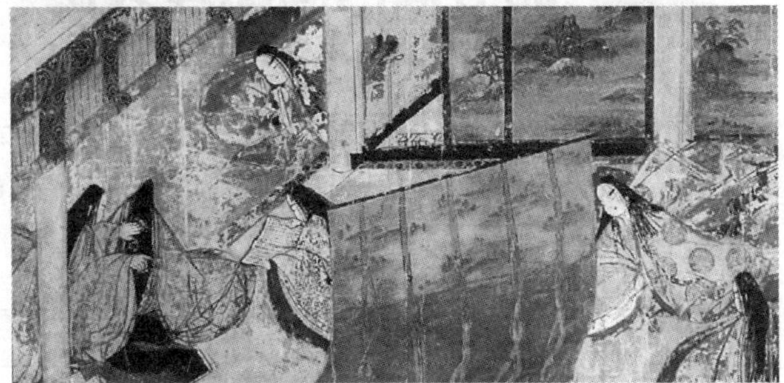

▲「源氏物語絵巻」 絵巻物は天皇や貴族が娯楽として鑑賞した。

3 北条政子

▲北条政子の像

承久の乱がおきると，政子は御家人に次のように訴えた。

「みな心を一つにして聞きなさい。これが最後の言葉です。頼朝殿が平氏を征伐し，幕府を開いて以降，その**御恩**は山よりも高く，大海よりも深いものです。お前たちも御恩に報いる気持ちはあるでしょう。……」

4 女子留学生

岩倉具視を大使とする欧米使節団に同行した5人の女子留学生。最年少の**津田梅子**(右から2番目)はわずか7歳だった。

5 明治時代に活躍した女性

▼樋口一葉

『たけくらべ』

廻れば大門の見かえり柳いと長けれど，おはぐろ溝に燈火うつる三階の騒ぎも手に取る如く，明けくれなしの車の行来にはかり知られぬ全盛をうらなひて…

▼与謝野晶子

「君死にたまふことなかれ」

ああ 弟よ 君を泣く
君死にたまふことなかれ
末に生まれし君なれば
親のなさけは勝りしも
親は刃をにぎらせて
人を殺せと教へしや
人を殺して死ぬよとて
二十四までを育てしや

▼平塚らいてう

⑥［ ］社 の宣言

元始，女性は実に太陽であった。真正の人であった。今，女性は月である。他によって生き，他の光によってかがやく，病人のように青白い顔の月である。わたしたちは，かくされてしまったわが太陽を今や取りもどさなくてはならない。

時代チェック

● 持統天皇が造営した都は？
A 藤原京　　B 平城京

答 A

おもな内閣総理大臣

★ **伊藤博文**➡初代内閣総理大臣，**原敬**➡本格的な政党内閣を組閣
★ **犬養毅**➡五・一五事件で暗殺，**吉田茂**➡サンフランシスコ平和条約締結

◆□にあてはまる語句や人名を答えなさい。

世紀	時代	人物	できごと
19	明治時代	①□ 重要	1885 年，内閣制度が確立 →**初代内閣総理大臣**となる
	明治時代	**黒田清隆**	1889 年，**大日本帝国憲法**が定められる ➡ 1
20	大正時代	②□ 重要	第一次世界大戦中の**米騒動**で総辞職した寺内正毅内閣の後に就任。立憲政友会を中心にした内閣は，最初の**本格的な政党内閣** ➡ 2
	大正時代	**加藤高明**	第一次世界大戦後におきた**第二次護憲運動**の結果誕生した内閣。1925 年には**治安維持法**と**普通選挙法**を定めた ➡ 3
	昭和時代	③□	1932 年，軍部の大陸侵攻や満州国の建国に反対し，**五・一五事件**で暗殺された
	昭和時代	**近衛文麿**	**日中戦争**を進めた。また**日独伊三国同盟**を結び，ファシズム諸国との連携を強化した
	昭和時代	④□	陸軍出身の内閣総理大臣。**真珠湾攻撃**を決行し，**太平洋戦争**を始めた。その後，日本の敗戦色が濃くなる 1944 年まで内閣総理大臣を務めた ➡ 4
	昭和時代	⑤□ 重要	戦後，５度も内閣総理大臣となる。３度目の 1951 年には**サンフランシスコ平和条約**を結び，日本の独立を回復した ➡ 5
	昭和時代	**佐藤栄作**	1960 年代～1970 年代にかけて３度も内閣総理大臣となった。その間，日韓基本条約や**非核三原則**の国会決議，沖縄返還を果たし，日本人で最初に**ノーベル平和賞**を受賞した ➡ 6
	昭和時代	**田中角栄**	1972 年，中国との間に**日中共同声明**を結び，国交を回復した
	平成	**細川護熙**	1993 年の総選挙の結果，自民党は過半数割れし，非自民の８党派からなる連立内閣が成立した（**55 年体制**の終わり）

1 黒田清隆

▲ **憲法発布の式典**

明治天皇から黒田清隆首相に**大日本帝国憲法**が手渡された。

2 原 敬

第一次世界大戦中，米価の高騰により，各地で ⑥ [　　　] がおきた。この後，原敬は首相に選ばれた。

3 加藤高明

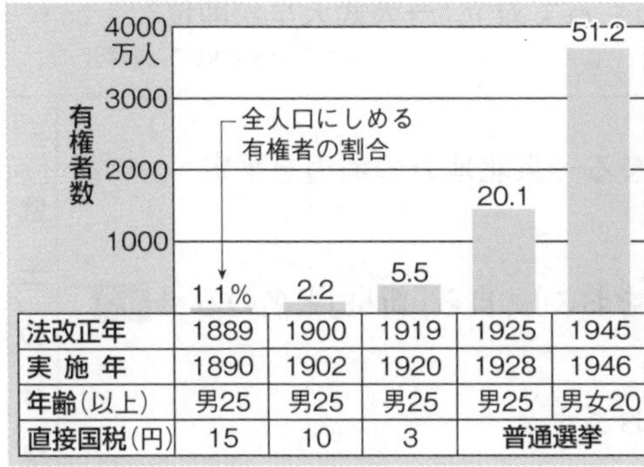

法改正年	1889	1900	1919	1925	1945
実施年	1890	1902	1920	1928	1946
年齢(以上)	男25	男25	男25	男25	男女20
直接国税(円)	15	10	3	普通選挙	

▲ **選挙権の拡大**

1925年に加藤高明首相により定められた**普通選挙法**で選挙権は大幅に拡大した。

4 東条英機

東条内閣は，アメリカ・イギリスと戦争を始めることを決め，⑦ [　　　**攻撃**] を行った。東条首相は前列中央。

5 吉田茂

▲ **吉田茂首相とサンフランシスコ平和条約**

中央で署名しているのが吉田茂首相。この条約調印により，国際舞台での日本の独立が認められた。

6 佐藤栄作

◀ **佐藤栄作首相(左)とニクソン大統領(右)**

佐藤栄作首相はアメリカと交渉を重ね，1972年に，ようやく沖縄を日本へ復帰させた。

時代チェック

● 米騒動(1918年)のときの内閣総理大臣は？

A 原敬　　B 寺内正毅

答 B

54 戦乱の歴史(弥生時代～鎌倉時代)

★ 平安時代 ▶ 935 年に**平将門の乱**，1185 年に**壇ノ浦の戦い**
★ 鎌倉時代 ▶ 1221 年に**承久の乱**，1274・81 年に**モンゴルの襲来(元寇)**

◆□にあてはまる語句や人名を答えなさい。

世紀	時代	年代	できごと	
3～6	弥生時代	3 世紀	国どうしの戦争。**邪馬台国**が約 30 か国をしたがえる (『魏志倭人伝』に記されている)	
	古墳時代	4 世紀	**大和政権の全国統一** (『宋書』倭国伝に記されている)	
7	飛鳥時代	672	**壬申の乱**(天智天皇の死後，皇位をめぐって対立)→天武天皇が即位 ↳大友皇子と戦い，勝利した	
8～9	平安時代	797	①□ が征夷大将軍になる→東北地方の蝦夷を平定	武士の登場
10		**935**	②□ **の乱** →関東地方で反乱をおこし，自ら「新皇」と名のる ➡ 1	
		939	**藤原純友の乱**→瀬戸内地方で反乱をおこす	
11		1051・83	前九年合戦，後三年合戦がおこる→ 源 義家が活躍する	
		1156	**保元の乱**→上皇側と天皇側の戦い	院政
12		1159	**平治の乱**→ 平 清盛が実権をにぎるきっかけとなる	源氏と平氏の対立
		1180	③□ が伊豆で挙兵→石橋山の戦い，富士川の戦い(静岡県)	
		1184	**一ノ谷の戦い**(兵庫県)→源義経が活躍する	
		1185	屋島の戦い(香川県)，④□ **の戦い** (山口県)→平氏が滅亡する	
		1189	源頼朝が奥州を平定→奥州藤原氏が滅亡する	
13	鎌倉時代	**1221**	⑤□ **の乱** (重要) →後鳥羽上皇が鎌倉幕府に対して挙兵する	鎌倉幕府の支配
		1274	**文永の役** } 2 度にわたる元軍の襲来を ⑥□ (重要) という	
		1281	**弘安の役**	
14		**1333**	**鎌倉幕府の滅亡** ➡ 2	

1 源氏と平氏の成長

平氏　東国を拠点　中央進出　平氏政権　滅亡

桓武天皇---------平貞盛――――忠正――清盛――――重盛――維盛

都の守衛

935 平将門の乱 → 939 藤原純友の乱 → 1051 前九年合戦 → 1083 後三年合戦 → 1086 院政 → 1156 保元の乱 → 1159 平治の乱 → 1180 富士川の戦い → 1184 一ノ谷の戦い → 1185 屋島の戦い → 1185 壇ノ浦の戦い → 1185 鎌倉幕府の成立

源氏が平定　頼朝の活躍　義経の活躍

清和天皇--------源経基――頼義―義家――――為義――義朝――頼朝

源氏　畿内を拠点　関東・東北へ進出　中央に進出　敗退　幕府樹立

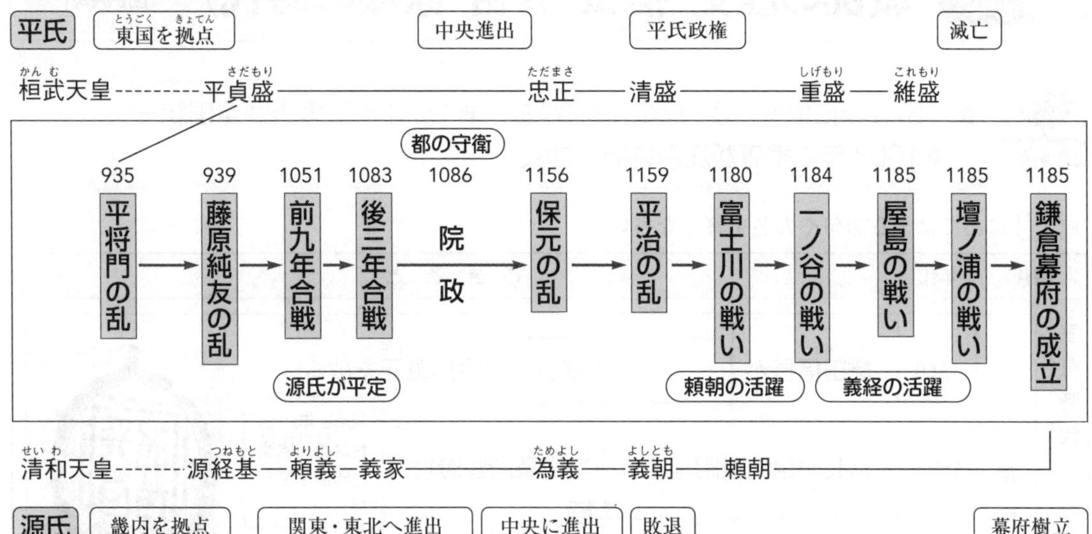

2 鎌倉幕府の滅亡

→ 足利尊氏の進路
1331年
⑦ [　　　　天皇] の倒幕計画が失敗し，天皇は隠岐に流される→1333年 脱出
1333年
⑧ [　　　　] が六波羅探題を攻め落とす
1335年
足利尊氏が新田義貞を破る
京都
鎌倉
吉野
大宰府
1333年
⑨ [　　　　] が鎌倉を攻め落とす
→鎌倉幕府の滅亡
1336年
足利尊氏が楠木正成を破る
1336年
後醍醐天皇が**南朝**をたてる
→南北朝に分立
1331年
楠木正成が倒幕の兵をあげる

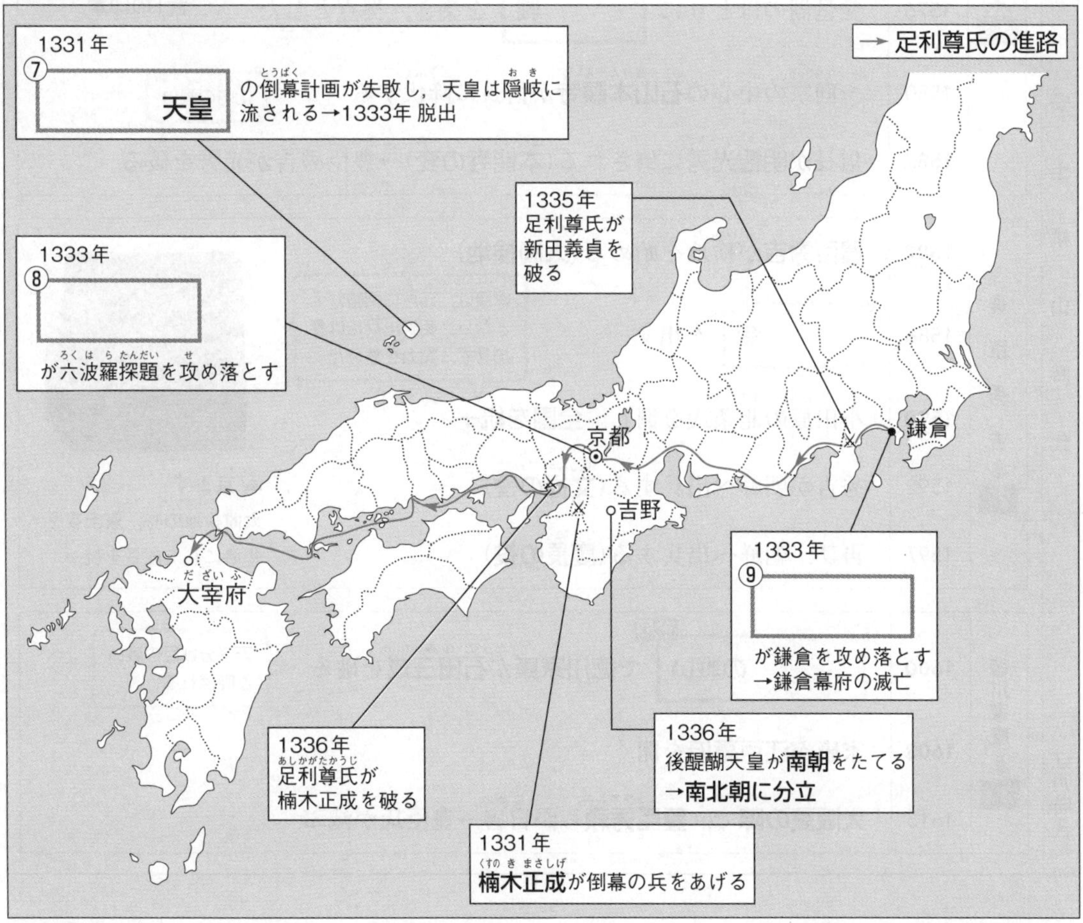

時代チェック

● 正しい組み合わせはどっち？

A 壬申の乱―天智天皇　　B 前九年合戦―源義家

答 B

55 戦乱の歴史（信長・秀吉・家康の時代）

★ 1573 年に信長により室町幕府が滅亡 ▶1590 年に秀吉が全国統一 ▶1603 年に家康が江戸幕府を開く

◆ □ にあてはまる語句や人名を答えなさい。

時代		年代	できごと
室町時代	織田信長 ↓ 1	1560	織田信長が ①［　　　　の戦い］ で今川義元を破る
安土桃山時代		**1573**	信長が**足利義昭**を追放→**室町幕府が滅亡**
		1575	信長が ②［　　　　の戦い］重要 で**武田勝頼**を破る
		1576	琵琶湖のほとりに ③［　　　　城］ を築き，拠点とした
		1580	一向宗の中心の**石山本願寺**が信長に降伏する
		1582	信長が**明智光秀**に倒される（**本能寺の変**）→**豊臣秀吉が光秀を破る**
	豊臣秀吉 ↓ 2	**1582**	**豊臣秀吉**が検地を始める（**太閤検地**）
		1588	④［　　　　令］ を出す
		1590	小田原の北条氏を倒し，**全国を統一**
		1592	秀吉が朝鮮へ出兵する（**文禄の役**）
		1597	再び，朝鮮へ出兵する（**慶長の役**）
	徳川家康 ↓ 3	**1600**	⑤［　　　　の戦い］重要 で**徳川家康**が**石田三成**を破る
江戸時代		**1603**	家康が**江戸幕府**を開く
		1615	**大阪夏の陣**で，**豊臣秀頼**らが自害→**豊臣氏が滅ぶ**

1562 年，信長は徳川家康と同盟を結んだ

山崎の戦い

家康は，江戸に配置がえとなり，朝鮮出兵には参加せず，実力を蓄えた

天下分け目の戦いと呼ばれる

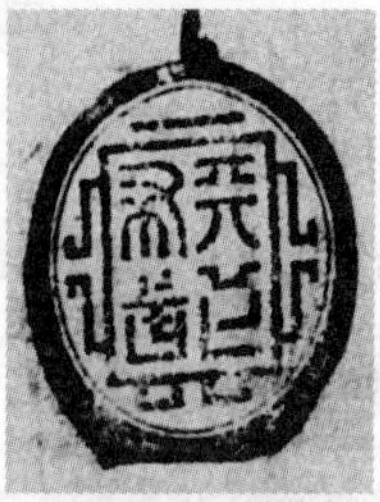

▲信長の「天下布武」の印章

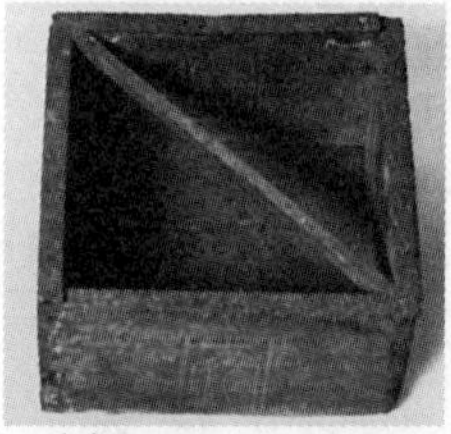

▲京ます
太閤検地の時，京ますを基準にして度量を統一

1 織田信長

	性格	本拠地	キリスト教	権力	おもな戦い	おもな政策
織田信長	1534～82年 「鳴かぬなら　殺してしまえ　ほととぎす」	安土城	一向一揆をおさえるため奨励	将軍・天皇の力を利用する	**桶狭間の戦い**(1560) 比叡山延暦寺の焼き打ち 石山本願寺との戦い **長篠の戦い**(1575) 本能寺の変で自害	⑥［　　］を廃止して自由な通行を認めた 安土城下に楽市・楽座を実施 安土城下にキリスト教の教会を建てる

2 豊臣秀吉

	性格	本拠地	キリスト教	権力	おもな戦い	おもな政策
豊臣秀吉	1537～98年 「鳴かぬなら　鳴かせてみせよう　ほととぎす」	大阪城	最初は保護↓バテレン追放令	天皇の権威を利用する	山崎の戦い(1582) 小牧・長久手の戦い(1584) 小田原攻め →全国統一 **朝鮮出兵**	⑦［　　］を行う 度量衡(長さ・広さ・容積・重さの単位)を統一 石高制を用い，米のとれ高をあらわした 1588年，刀狩令を出す，天正大判をつくる

3 徳川家康

	性格	本拠地	キリスト教	権力	おもな戦い	おもな政策
徳川家康	1542～1616年 「鳴かぬなら　鳴くまで待とう　ほととぎす」	江戸城	禁教令を出す	幕府を開き、将軍となる	小牧・長久手の戦い **関ヶ原の戦い**(1600) 大阪夏の陣	関ヶ原の戦いに勝利し，実権をにぎる 1603年，江戸幕府を開く 朱印船貿易を進め，明・東南アジアとの交易を拡大する 1612年，禁教令を出す(2代将軍秀忠のとき)

時代チェック

- 豊臣秀吉が明智光秀を破った戦いは？
  A 賤ヶ岳の戦い　B 山崎の戦い

答 B

11章

56 戦乱の歴史(明治時代)

60056

★ 1868年に**戊辰戦争**, 1877年に**西南戦争**がおこる
★ 1894年に**日清戦争**, 1904年に**日露戦争**がおこる

◆□にあてはまる語句や人名を答えなさい。

世紀	時代		年	できごと
19	江戸時代	国内の対立と外交問題	1867	**大政奉還**
	明治時代		**1868**	**戊辰戦争**が始まる ➡ 1
			1875	**江華島事件**→翌年, **日朝修好条規**(朝鮮が開国)
			1877	①[　　　]**戦争** →士族最大で最後の反乱
		日清戦争	1894	朝鮮で②[　　　]**戦争**(東学党の乱)がおこる →清軍と日本軍が朝鮮に派遣される→日清戦争へ →**イギリスが領事裁判権を撤廃** ↳治外法権
			1894	③[　　　]**戦争** 注意 が始まる ➡ 2
			1895	日本と清との間で④[　　　]で講和条約が結ばれる →⑤[　　　]・**ドイツ・フランス**が**遼東半島**の清への**返還を要求** (**三国干渉**)
20		日露戦争	**1902**	⑥[　　　]**同盟** 重要 が結ばれる(このころ, ロシアとの開戦論がさかんになる)
			1904	⑦[　　　]**戦争** 注意 が始まる ➡ 2 **日露戦争の反対者** ・**内村鑑三**…キリスト教徒の立場で反対 ・**幸徳秋水**…社会主義者の立場で反対 ・**与謝野晶子**…文学者の立場で反対。出征した弟を思って「君死にたまふことなかれ」という詩を発表
			1905	日本海海戦の勝利→**東郷平八郎が指揮**
			1905	アメリカ大統領の仲介で⑧[　　　]**条約** 重要 が結ばれる

▲ 五稜郭

1 戊辰戦争

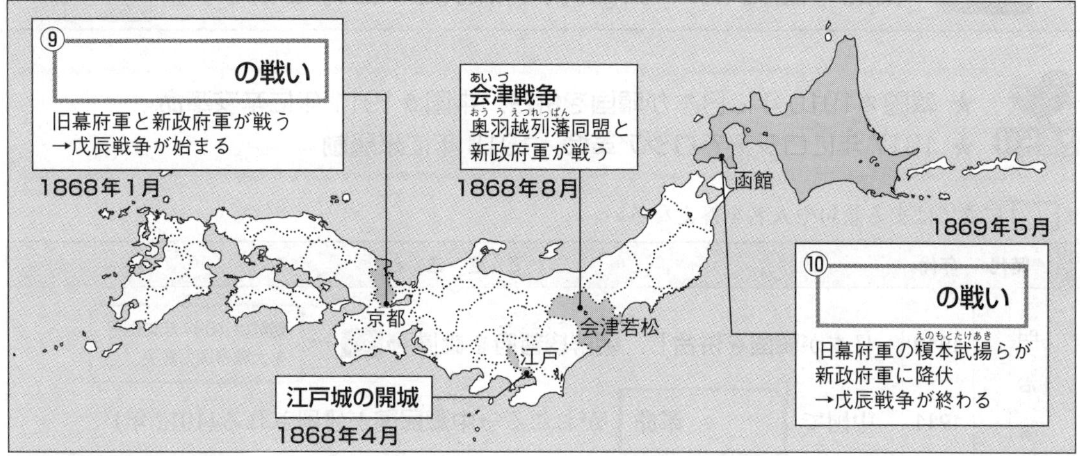

2 日清・日露戦争

	日清戦争	日露戦争
原因	朝鮮半島の支配をめぐり対立	ロシアの東アジアへの勢力拡大から対立
きっかけ	**甲午農民戦争**	**義和団事件**の出兵から対立が深刻化
年代	**1894年**	**1904年**
講和条約と両国全権	**下関条約**(1895年) 日本…**伊藤博文**，陸奥宗光 中国(清)…**李鴻章**	**ポーツマス条約**(1905年) 日本…**小村寿太郎** ロシア…ウィッテ 仲介…T.ローズベルト米大統領
条約内容	・清は朝鮮の独立を承認する ・遼東半島・⑪［　　］・澎湖諸島を日本へ割譲→直後に三国干渉により，遼東半島を清に返還 ・賠償金2億両(約3億円)を日本に支払う	・日本の韓国への優越を認める ・旅順・大連の租借権 ・南満州鉄道を日本に与える ・北緯50度以南の⑫［　　］を日本へ割譲
戦争直後の日本の領地	遼東半島 台湾	南樺太

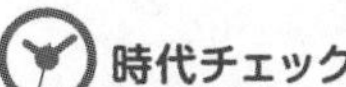
時代チェック

● 義和団事件の後，ロシアに対抗して日本が結んだ同盟は？
A 三国同盟　　B 日英同盟

答 B

57 戦乱の歴史（第一次世界大戦前後の世界と日本）

★ 韓国➡1910 年に日本が**韓国を併合**，中国➡1911 年に**辛亥革命**
★ 1917 年にロシアで**ロシア革命**，1918 年に**米騒動**

◆［　　］にあてはまる語句や人名を答えなさい。

世紀	時代		年代	できごと
	明治時代		**1910**	日本が**韓国を併合**し，**朝鮮総督府**を設置 ➡1（朝鮮は 1897 年に国号を大韓帝国に変更）
	明治時代		**1911**	中国で ①［　　　　革命］がおこる→**中華民国**が建国される（1912 年）
				▸同年，外務大臣の**小村寿太郎**が関税自主権を回復
	大正時代	第一次世界大戦中	**1914**	ヨーロッパで**第一次世界大戦**が始まる
			1914	日本は ②［　　　　］重要 を理由に第一次世界大戦に参戦する
				→日本はドイツ領の**山東半島**や南洋諸島を占領
			1915	日本が中国政府に対して，③［　　　　］重要 をおしつける（孫文のあとを継いだ袁世凱は要求の大部分を認めた）
			1917	**ロシア革命**がおこる
20			**1918**	米の安売りを求める暴動が，富山県から全国に拡大→④［　　　　］
				→**原敬**内閣の成立。初めての本格的な政党内閣
			1918	ドイツが降伏し，第一次世界大戦が終了する ➡2
		大戦後	1919	第一次世界大戦の講和条約 ⑤［　　　　条約］が結ばれる ➡3
			1919	ドイツで，**ワイマール憲法**が制定（当時，もっとも民主的な内容）
			1920	⑥［　　　　］重要 が発足（本部：スイスの**ジュネーブ**）➡4 ↳アメリカは不参加
			1921	⑦［　　　　］重要 が始まる
				→**ワシントン海軍軍縮条約**が結ばれる（1922 年）
	昭和時代		1930	**ロンドン海軍軍縮会議**が開かれる

1 韓国併合後の日本の領土

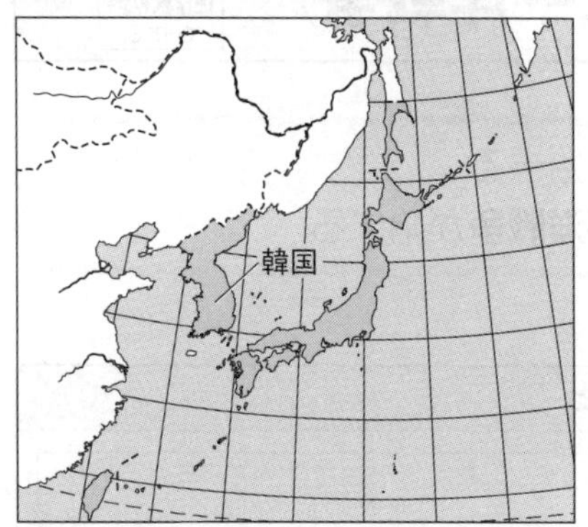

2 第一次世界大戦後のヨーロッパ

3 ベルサイユ条約後の日本の領土

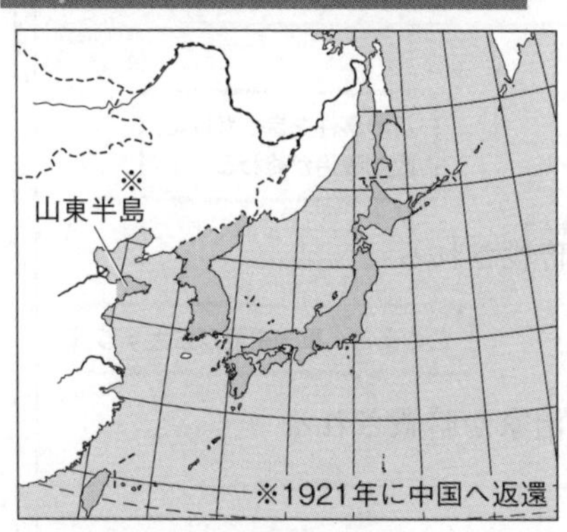

4 国際連盟と国際連合

国際連盟		国際連合
ベルサイユ条約(国際連盟規約) ⑧［　　　］年 発足	成立	国際連合憲章(けんしょう) ⑩［　　　］年 発足
スイスの⑨［　　　］	本部	アメリカ合衆国の⑪［　　　］
設立時42か国，最大時63か国。 常任理事国は**イギリス・フランス・イタリア・日本**。アメリカは不参加。ドイツ・ソ連はのちに加盟	加盟国	設立時51か国。世界のほとんどの国が参加。 常任理事国は**アメリカ・イギリス・フランス・ソ連・中国**
総会，理事会，事務局，常設国際司法裁判所，国際労働機関	主要機関	総会，⑫［　　　**理事会**］ 経済社会理事会，信託統治(しんたくとうち)理事会 国際司法裁判所，事務局

時代チェック

- 二十一か条の要求が出されたときの中国の政府代表は？
  A 孫文　B 袁世凱

答 B

 58 戦乱の歴史（満州事変～太平洋戦争）

60058

 さきドリ
★ 1931年に満州事変，1937年に日中戦争が始まる
★ 1939年に第二次世界大戦，1941年に太平洋戦争が始まる

◆ □ にあてはまる語句や人名を答えなさい。

時代	年代	できごと
満州事変	1929	世界恐慌（せかいきょうこう）がおこる
	1931	柳条湖事件（リウティアオフー・りゅうじょうこ）→ ① _____ 【重要】がおこる ◁ 日本軍が満州地方を支配した
	1932	国際的な批判の中，満州国が建国される
	1932	五・一五事件がおこる
		→ 軍部に反対した ② _____ 首相 が暗殺（あんさつ）される ／ この事件をきっかけに，政党政治が終わる
	1933	日本が国際連盟から脱退する
	1936	二・二六事件がおこる→軍部に批判的な政治家が暗殺される ／ このあと，軍国主義が拡大する
昭和時代 日中戦争	**1937**	盧溝橋事件（ルーコウチアオ・ろこうきょう）がおこり，③ _____ 戦争 が始まる
		→ 中国で，国民党と共産党による抗日民族統一戦線（こうにち）が結成
太平洋戦争	**1939**	ドイツ軍がポーランドに侵攻し，④ _____ 大戦 【重要】が始まる
	1940	日独伊三国同盟が結ばれる
	1941	ソ連との間で ⑤ _____ 条約 が結ばれる
	1941	日本軍がハワイの ⑥ _____ 湾 を攻撃（こうげき）する
		→ 太平洋戦争が始まる
	1943	学徒出陣（がくとしゅつじん）で，大学生らが徴兵（ちょうへい）される ➡ 1
	1944	学童疎開（がくどうそかい）が始まる ↳ 小学生が地方都市へ避難（ひなん）した
	1945	ポツダム宣言を受諾（じゅだく）し，日本が降伏 ➡ 2
		→ 第二次世界大戦が終結

1945年	
2月	ヤルタ会談
3月	東京・大阪で空襲（くうしゅう）
6月	米軍の沖縄占領（おきなわ）
7月	ポツダム宣言
8月6日	広島に原爆投下（げんばく）
8月8日	ソ連が日本に宣戦
8月9日	長崎に原爆投下
8月14日	ポツダム宣言受諾
8月15日	玉音放送（終戦）（ぎょくおん）

▲ 終戦までの流れ

118

1 戦時下の日本の国民生活

⑦

本土への空襲(くうしゅう)が始まると、都会の学童(がくどう)(小学生)は集団で地方へ避難させられた。

戦争を進めるために、国民生活が厳しく規制された。写真は食料の配給(はいきゅう)のようす。

⑧

戦況(せんきょう)が不利になると、大学生までもが兵士として戦場に送られた。

2 日本の敗戦

⑨

1945年8月6日に人類史上初の原子爆弾が投下された。

▲ 原爆ドームのようす(当時)

⑩

東京
大空襲

大阪
空襲

沖縄

1945年8月9日に原子爆弾が投下。写真は原爆投下の中心地につくられた平和祈念(きねん)像。

戦場・病院で看護活動にあたる中亡(な)くなった女子学生の慰霊碑(いれいひ)。

▲ ひめゆり学徒隊(がくとたい)の碑(ひ)

時代チェック

● 日中戦争のきっかけとなった事件は？
A 盧溝橋(ルーコウチアオ)(ろこうきょう)事件　B 柳条湖事件

答 A

60059

59 戦乱の歴史（大戦後の世界の戦争・紛争）

さきドリ

★ 1973年に**第4次中東戦争**がおこる➡日本で**石油危機**
★ 1950年に**朝鮮戦争**がおこる，1965年に**ベトナム戦争**が激化

◆□にあてはまる語句や人名を答えなさい。

世紀	時代	年代	できごと
20	昭和時代	1948	大韓民国と ①[　　　　] が独立する
			→**北緯38度**で国境が引かれる
		1949	**中華人民共和国**が建国される←中国共産党により建国　（中心人物は毛沢東(マオツォトン)）
		1950	②[　　　　**戦争**]（重要） がおこる（1953年，板門店(パンムンジョム)で休戦協定）
			社会の特色　朝鮮戦争の日本への影響 ① **警察予備隊**の創設（1950年）…GHQの指令でつくられ，1954年には**自衛隊**になった ② **特需景気**…日本の景気がよくなり，戦後復興のきっかけとなった
		1962	**キューバ危機**
			→アメリカ・ソ連の間で核戦争の危機が高まる
		1965	③[　　　　**戦争**] が激化する
		1973	**第4次中東戦争**がおこる
			→日本に ④[　　　　] をもたらし，高度経済成長が終わる ↳オイル・ショックともいう
		1980	イラン・イラク戦争
	平成時代	1991	**湾岸戦争**がおこる→イラクがクウェートに侵攻
		1991	**ソ連が解体**→東西対立が終わる（**冷戦の終結**）
		2001	**アメリカ同時多発テロ**
21	令和	2022	ロシアのウクライナ侵攻

▲アメリカ同時多発テロ

1 世界の戦争・紛争

Ⓐアフガニスタン侵攻 (1979)	Ⓑカシミール紛争 (1947 ～)	Ⓒ朝鮮戦争 (1950 ～ 53)	Ⓓキューバ危機 (1962)
アフガニスタンに社会主義政権を樹立しようとソ連軍が侵攻。反対派のゲリラ攻撃(こうげき)にあい，ソ連軍は撤退(てったい)した。	1947 年に**インド**と**パキスタン**が独立するとき，**カシミール地方**の帰属をめぐり対立。	1950 年に北朝鮮軍が韓国に侵入，そこへ国連軍と中国義勇軍が加わり大規模な戦争となった。	ソ連の援助でキューバにミサイル基地の建設が計画されて，核戦争の危機が高まった。

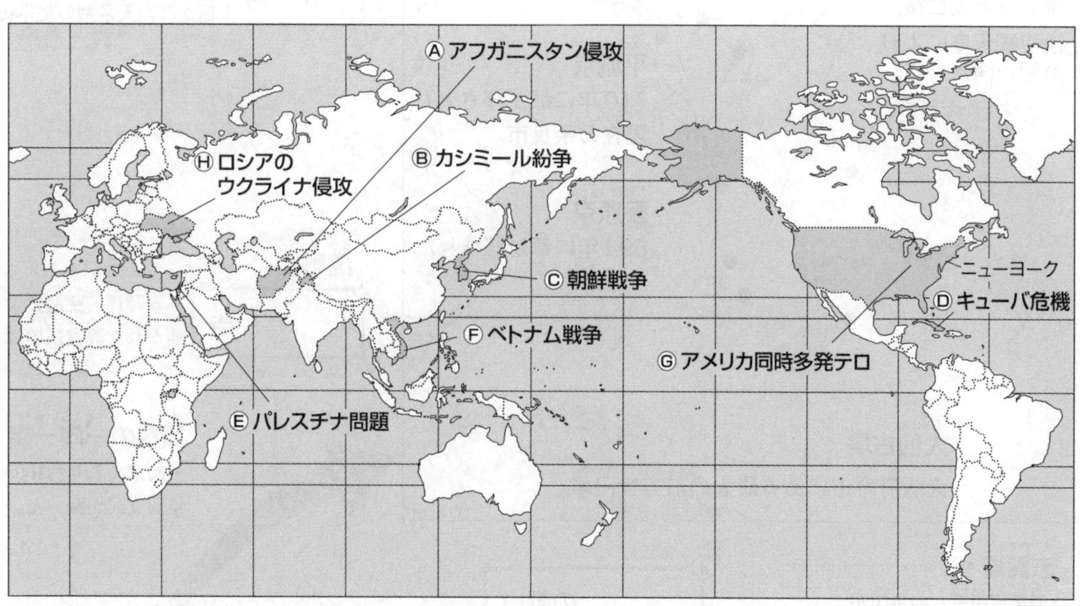

Ⓔパレスチナ問題 (1948 ～)	Ⓕベトナム戦争 (1965 ～ 75)	Ⓖアメリカ同時多発テロ (2001)	Ⓗロシアのウクライナ侵攻 (2022)
アラブ系の**パレスチナ人**の土地に，ユダヤ人が入植し国家（**イスラエル**）を建設した。それにより，イスラエルと周辺のアラブ諸国との対立が深まった。	社会主義を唱える**北ベトナム**と親米派の**南ベトナム**の間で対立がおき，そこへアメリカ軍が介入(かいにゅう)した戦争。	ニューヨークの世界貿易センタービルやワシントンの国防総省などが襲撃(しゅうげき)された。国際テロ集団アル・カーイダの犯行。	ロシアのクリミア併合をきっかけにウクライナとロシアが対立を深め，2022 年ロシアがウクライナに侵攻。

時代チェック

● アメリカ同時多発テロのあと，アメリカが攻撃した国は？
A アフガニスタン　B ベトナム　C ウクライナ

答 A

11章

60 歴史地図（旧石器時代～室町時代）

平安京
794年以降，明治維新まで日本の都。現在の京都市。

長岡京
784年，桓武天皇が平城京から都を移した。

比叡山
① 　　　　寺
平安時代，最澄によって開かれた天台宗の総本山。

吉野
鎌倉幕府滅亡後，後醍醐天皇により南朝が開かれた。

平城京
710年に都が移された。現在の奈良市。

藤原京
694年に都が移された。

高野山
② 　　　　寺
平安時代，空海によって開かれた真言宗の総本山。

大仙古墳
大阪府堺市にある最大の前方後円墳。

加賀の一向一揆
一向宗により約100年間支配が続いた。

志賀島
「漢委奴国王」の金印が発見された。

③ 　　　　の戦い
1185年，平氏が滅亡した。

④ 　　　　
1274・1281年
元軍が２度襲来した。

藤原純友の乱
939年，瀬戸内地方で反乱をおこした。

登呂遺跡
弥生時代の集落・水田跡。

⑤ 　　　　遺跡
弥生時代の環濠集落跡。

板付遺跡
縄文時代終わりごろの水田跡。

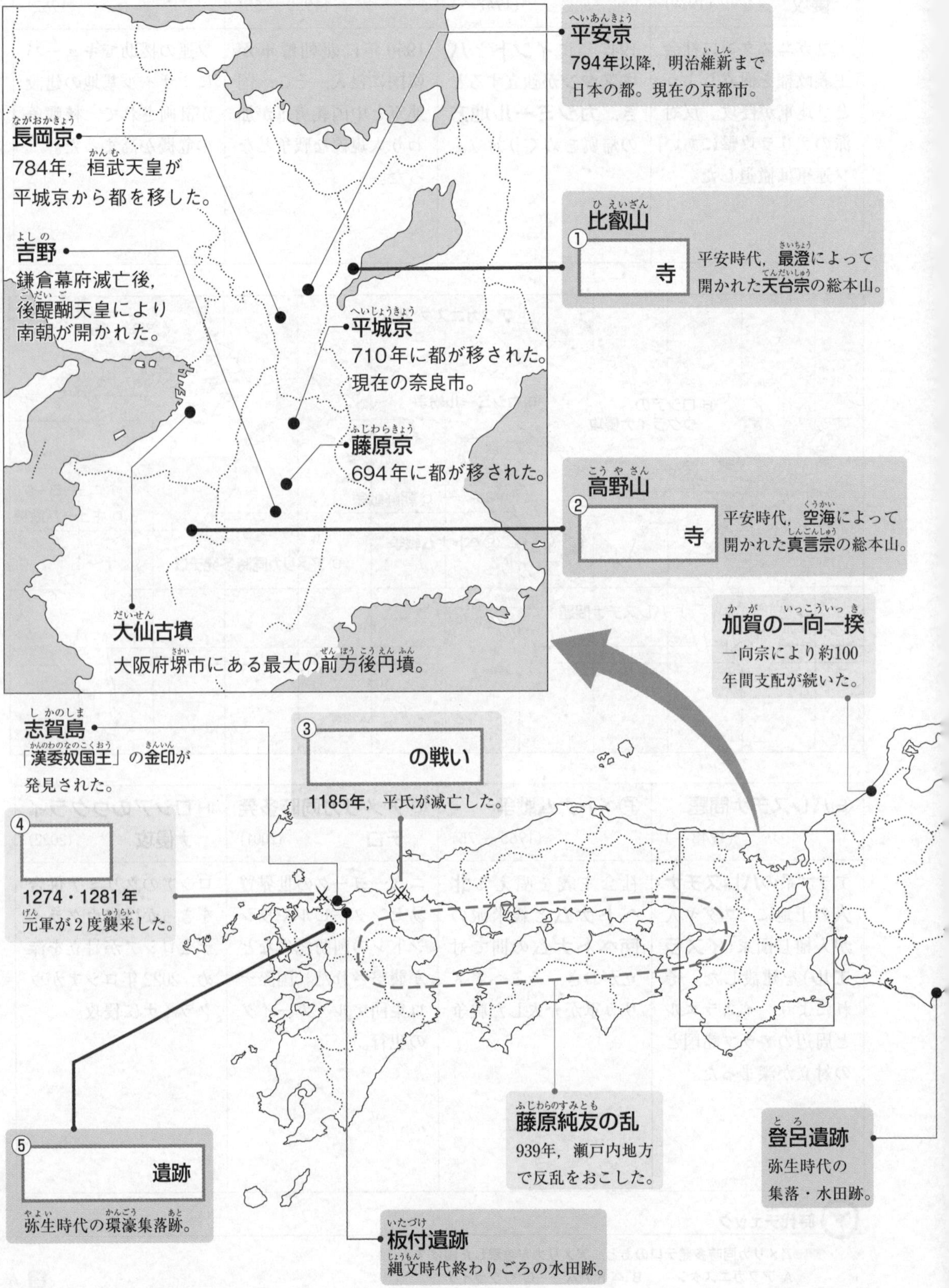

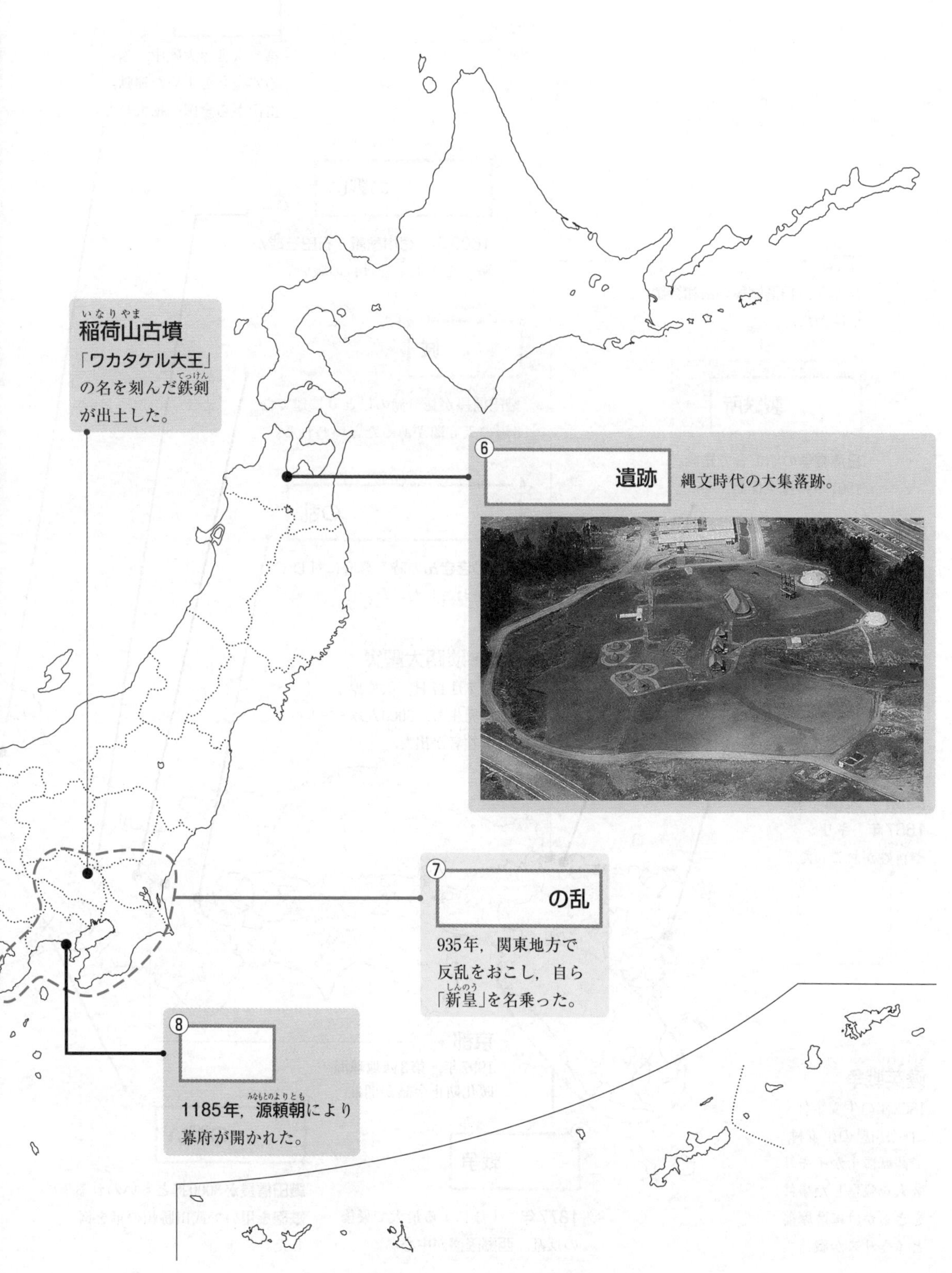
稲荷山古墳
「ワカタケル大王」の名を刻んだ鉄剣が出土した。
⑥ 遺跡 縄文時代の大集落跡。
⑦ の乱
935年，関東地方で反乱をおこし，自ら「新皇」を名乗った。
⑧
1185年，源頼朝により幕府が開かれた。

61 歴史地図（安土桃山時代〜現代）

① ［　　　　］

第一次世界大戦中，米の安売りを求めた運動。富山から全国へ拡大した。

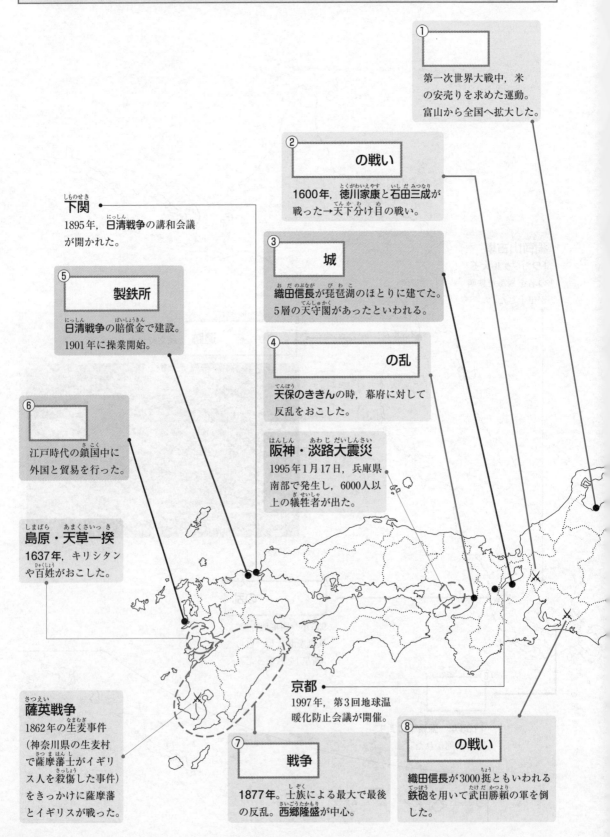

② ［　　　　］の戦い

1600年，徳川家康と石田三成が戦った→天下分け目の戦い。

下関

1895年，日清戦争の講和会議が開かれた。

③ ［　　　　］城

織田信長が琵琶湖のほとりに建てた。5層の天守閣があったといわれる。

⑤ ［　　　　］製鉄所

日清戦争の賠償金で建設。1901年に操業開始。

④ ［　　　　］の乱

天保のききんの時，幕府に対して反乱をおこした。

⑥ ［　　　　］

江戸時代の鎖国中に外国と貿易を行った。

阪神・淡路大震災

1995年1月17日，兵庫県南部で発生し，6000人以上の犠牲者が出た。

島原・天草一揆

1637年，キリシタンや百姓がおこした。

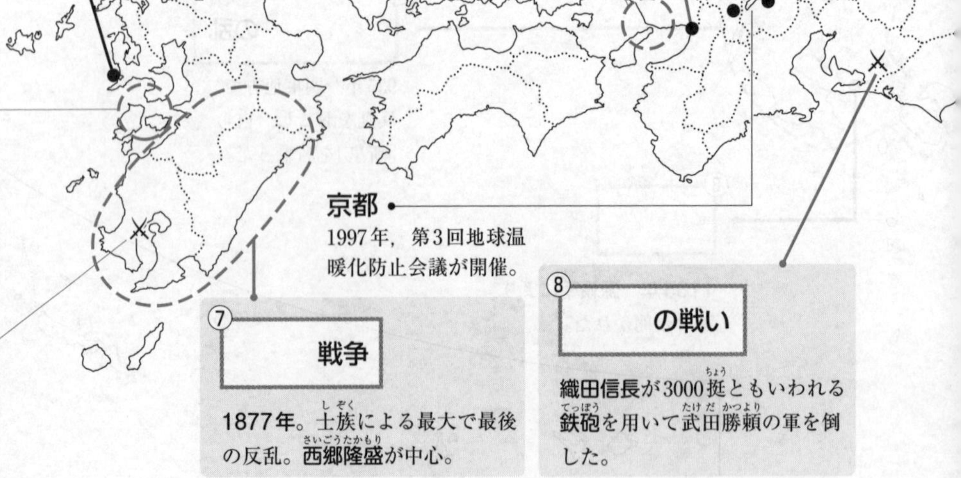

京都

1997年，第3回地球温暖化防止会議が開催。

薩英戦争

1862年の生麦事件（神奈川県の生麦村で薩摩藩士がイギリス人を殺傷した事件）をきっかけに薩摩藩とイギリスが戦った。

⑦ ［　　　　］戦争

1877年。士族による最大で最後の反乱。西郷隆盛が中心。

⑧ ［　　　　］の戦い

織田信長が3000挺ともいわれる鉄砲を用いて武田勝頼の軍を倒した。

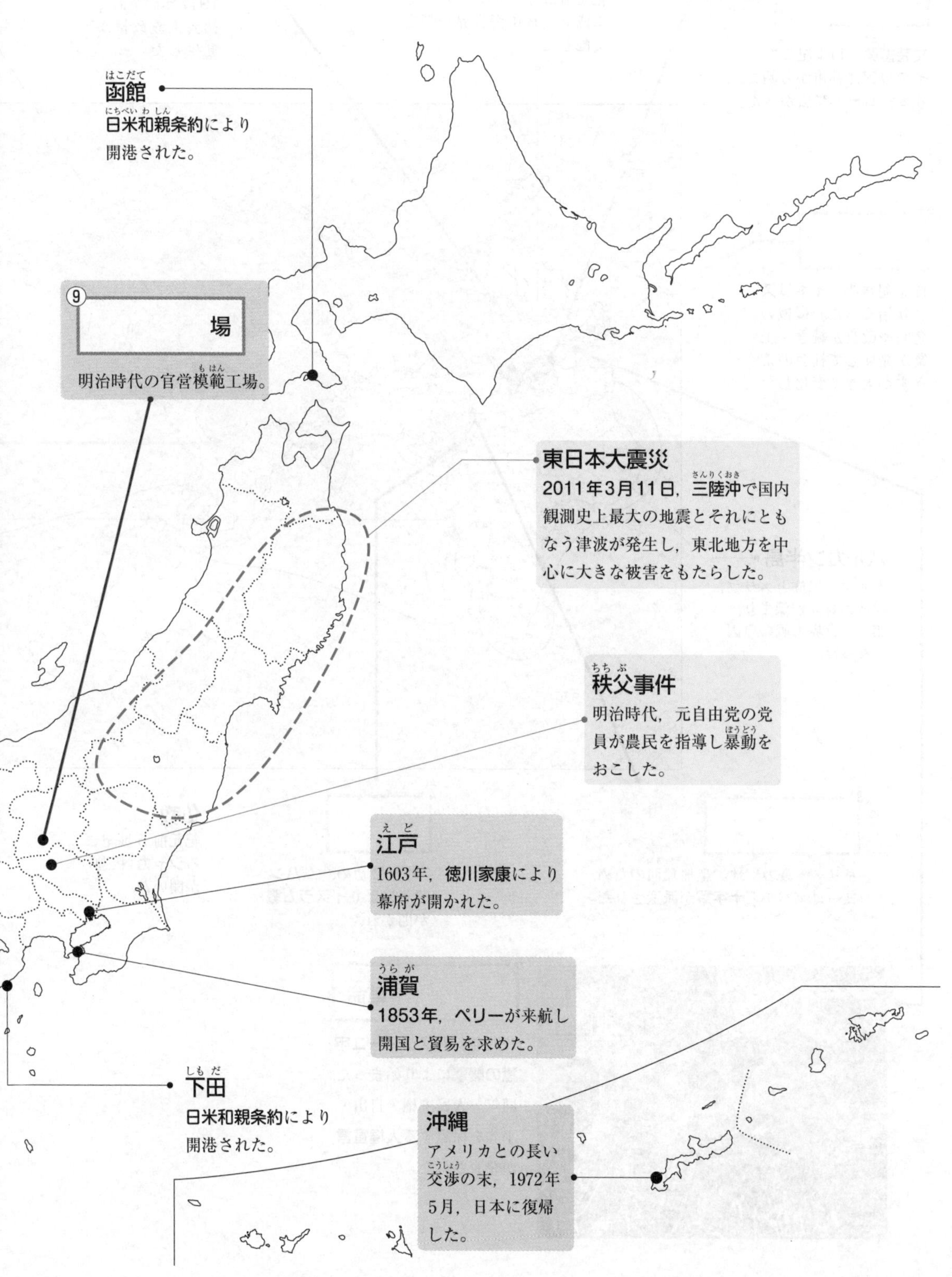
函館
日米和親条約により
開港された。
⑨ 場
明治時代の官営模範工場。
東日本大震災
2011年3月11日，三陸沖で国内
観測史上最大の地震とそれにとも
なう津波が発生し，東北地方を中
心に大きな被害をもたらした。
秩父事件
明治時代，元自由党の党
員が農民を指導し暴動を
おこした。
江戸
1603年，徳川家康により
幕府が開かれた。
浦賀
1853年，ペリーが来航し
開国と貿易を求めた。
下田
日米和親条約により
開港された。
沖縄
アメリカとの長い
交渉の末，1972年
5月，日本に復帰
した。

62 歴史地図(世界の歴史)

60062

①

文芸復興(ぶんげいふっこう)。14世紀ごろ，**イタリア**諸都市から始まりヨーロッパに広がった。

ローマ帝国
紀元前27年，イタリア半島に成立。地中海世界一帯を支配した。

ロシア革命
1917年の革命で社会主義政権が誕生した。

②

18世紀後半，**イギリス**より始まった。機械の発明や改良が続き，工業が発展して社会のようすが大きく変化した。

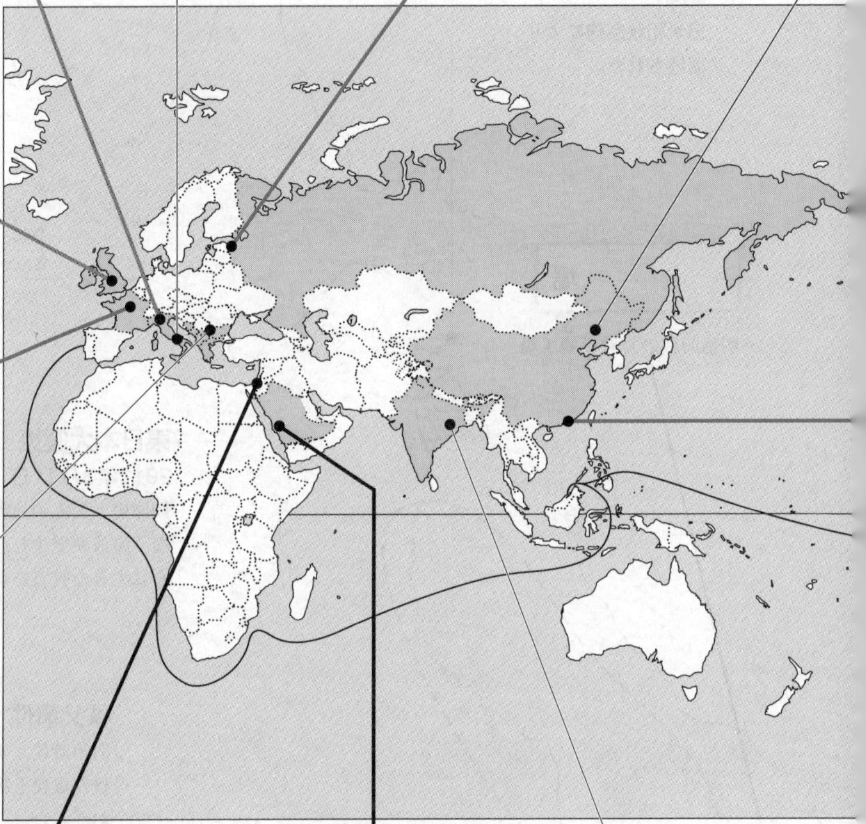

バルカン半島
ゲルマン民族とスラブ民族の対立が深まり，第一次世界大戦の原因となった。

③

キリスト教の聖地。聖地奪回(だっかい)のため，ヨーロッパから**十字軍**が派遣された。

④

7世紀の初め，**ムハンマド**により**イスラム教**が開かれた。

仏教
紀元前5世紀ごろ**シャカ**(釈迦)が開いた。

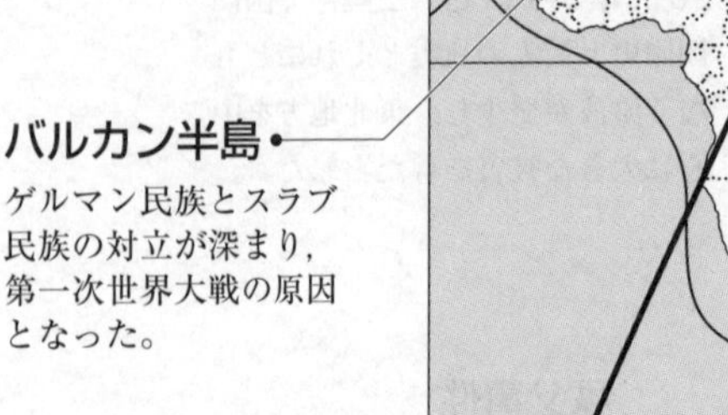

⑤
革命

1789年，**バスティーユ牢獄(ろうごく)の襲撃(しゅうげき)**により始まった。同年，人民主権・自由・平等を保障する**人権宣言**が発表された。

満州事変

◀リットン調査団の派遣
国際連盟は，この調査で満州事変(1931年)を日本の侵略行為と断定した。

アメリカ独立戦争

▲アメリカ独立宣言の署名
1776年，イギリスからの独立戦争のさなか，ジェファーソンによって起草された。

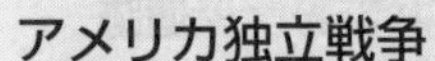

⑥ ［　　　　］一行の航路
世界一周に成功した(1519〜22年)。

⑦ ［　　　　］戦争
中国(清)とイギリスとの戦い(1840年)。清が負け，翌年に清にとって不平等な条約(南京条約)を結んだ。
この戦争は，日本の外交政策に影響を与えた。

12章

1章 文明のおこりと古代国家

1 人類の出現と進化

①猿人
②原人
③打製石器
④新人
⑤岩宿遺跡
⑥磨製石器
⑦新石器時代
⑧磨製石器

2 世界の古代文明

①メソポタミア文明
②エジプト文明
③インダス文明
④殷
⑤孔子
⑥始皇帝
⑦漢
⑧イエス
⑨メソポタミア文明
⑩エジプト文明
⑪中国文明
⑫インダス文明
⑬象形文字
⑭くさび形文字
⑮甲骨文字

3 ギリシアとローマの文明

①ポリス
②シャカ
③アレクサンドロス大王
④イエス
⑤ローマ帝国
⑥ムハンマド
⑦シャカ
⑧イエス
⑨ムハンマド
⑩聖書(新約聖書)
⑪コーラン

4 縄文と弥生から大王の時代へ

①縄文時代
②弥生時代
③金印
④邪馬台国
⑤卑弥呼
⑥大和政権
⑦前方後円墳
⑧渡来人
⑨土偶
⑩銅鐸
⑪吉野ケ里遺跡
⑫はにわ
⑬銅鏡

5 聖徳太子の政治から律令国家へ

①聖徳太子
②十七条の憲法
③遣隋使
④遣唐使
⑤中臣鎌足
⑥大化の改新
⑦天智天皇
⑧壬申の乱
⑨大宝律令
⑩法隆寺

6 律令国家の成立と天平文化

①班田収授法
②和同開珎
③平城京
④古事記
⑤日本書紀
⑥行基
⑦聖武天皇
⑧国分寺
⑨墾田永年私財法
⑩荘園
⑪鑑真
⑫唐招提寺
⑬口分田
⑭山上憶良
⑮租
⑯調
⑰庸
⑱防人
⑲国司
⑳郡司
㉑富本銭
㉒和同開珎

7 平安京と国風文化

①桓武天皇
②平安京
③征夷大将軍
④摂関政治
⑤国風文化
⑥藤原道長
⑦白河上皇
⑧中尊寺金色堂
⑨寝殿造
⑩平等院鳳凰堂

2章 中世社会の展開

8 武士のおこりと鎌倉幕府の始まり

①平将門
②藤原純友
③院政
④平治の乱
⑤平清盛
⑥源義経
⑦壇ノ浦の戦い
⑧守護
⑨厳島神社
⑩壇ノ浦の戦い

⑪屋島の戦い
⑫一ノ谷の戦い
⑬日宋貿易

9 鎌倉幕府の政治とモンゴルの襲来

① 源 頼朝
②承久の乱
③六波羅探題
④執権政治
⑤御成敗式目
⑥北条時宗
⑦文永の役
⑧弘安の役
⑨モンゴルの襲来（元寇）
⑩後醍醐天皇
⑪奉公
⑫御恩
⑬執権
⑭侍所
⑮政所
⑯六波羅探題
⑰守護
⑱地頭
⑲フビライ・ハン
⑳マルコ・ポーロ
㉑法然
㉒親鸞
㉓栄西
㉔道元
㉕一遍

10 室町幕府の政治と交易・産業

①建武の新政
②足利尊氏
③足利義満
④能
⑤倭寇
⑥日明貿易
⑦琉球王国
⑧管領
⑨鎌倉府
⑩金閣
⑪能
⑫勘合

11 応仁の乱と東山文化

①正長の土一揆
②足利義政
③応仁の乱
④一向一揆
⑤書院造
⑥戦国時代
⑦分国法
⑧惣
⑨寄合
⑩座
⑪雪舟
⑫北条
⑬今川
⑭島津

3章 近世社会の形成と世界の動き

12 中世ヨーロッパと十字軍

①キリスト教
②ムハンマド
③フランク王国
④エルサレム
⑤カトリック教会
⑥ノルマン人
⑦十字軍
⑧アラー
⑨イスラム帝国
⑩唐

13 ルネサンスと宗教改革

①ルネサンス
②コロンブス
③免罪符
④ルター
⑤マゼラン
⑥イエズス会
⑦カルバン
⑧神曲
⑨ガリレイ
⑩ミケランジェロ
⑪火薬
⑫羅針盤
⑬コロンブス
⑭マゼラン
⑮香辛料

14 戦国の世と全国統一

①ザビエル
②南蛮貿易
③桶狭間の戦い
④長篠の戦い
⑤安土城
⑥楽市・楽座
⑦本能寺の変
⑧太閤検地
⑨刀狩
⑩朝鮮
⑪種子島
⑫イエズス会
⑬千利休

15 江戸幕府の成立と鎖国

①関ヶ原の戦い
②徳川家康
③朝鮮通信使
④武家諸法度
⑤徳川家光
⑥絵踏
⑦参勤交代
⑧島原・天草一揆
⑨鎖国
⑩シャクシャイン
⑪老中

⑫京都所司代
⑬町奉行
⑭朱印状
⑮紀伊
⑯尾張
⑰水戸
⑱親藩
⑲譜代大名
⑳外様大名
㉑対馬藩
㉒出島
㉓琉球王国
㉔アイヌ

16 江戸時代の産業・交通の発達

①アイヌ
②関所
③寺子屋
④東廻り航路
⑤西廻り航路
⑥新田
⑦株仲間
⑧工場制手工業
⑨西廻り
⑩東海道
⑪中山道
⑫備中ぐわ
⑬千歯こき
⑭千石どおし
⑮唐箕
⑯江戸
⑰京都
⑱大阪
⑲蔵屋敷

17 江戸幕府の政治の展開

①徳川綱吉
②生類憐みの令
③徳川吉宗
④享保の改革
⑤打ちこわし
⑥田沼意次
⑦松平定信
⑧寛政の改革
⑨大塩の乱
⑩水野忠邦
⑪天保の改革
⑫徳川吉宗
⑬公事方御定書
⑭松平定信
⑮水野忠邦
⑯株仲間
⑰享保のききん
⑱天明のききん
⑲天保のききん

4章 近代日本の歩み

18 近代革命

①権利の請願
②ピューリタン革命
③名誉革命
④権利章典
⑤フランス革命
⑥人権宣言
⑦ナポレオン
⑧ロック
⑨ルソー
⑩モンテスキュー

19 欧米諸国のアジア侵略

①アヘン戦争
②南京条約
③インド大反乱
④ムガル帝国
⑤南北戦争
⑥リンカン大統領

⑦インド帝国
⑧清
⑨イギリス
⑩インド
⑪アヘン
⑫イギリス
⑬フランス

20 開国と江戸幕府の滅亡

①異国船打払令
②ペリー
③日米和親条約
④日米修好通商条約
⑤井伊直弼
⑥薩摩藩
⑦長州藩
⑧坂本龍馬
⑨徳川慶喜
⑩大政奉還
⑪下田
⑫神奈川(横浜)
⑬新潟
⑭領事裁判権(治外法権)
⑮関税自主権

21 明治維新

①版籍奉還
②解放令
③廃藩置県
④福沢諭吉
⑤学制
⑥徴兵令
⑦地租改正
⑧王政復古の大号令
⑨地租改正
⑩徴兵令
⑪中江兆民
⑫3%

22 立憲政治の始まり

①板垣退助
②西南戦争

③自由党
④伊藤博文
⑤内閣制度
⑥大日本帝国憲法
⑦教育勅語
⑧帝国議会
⑨15円
⑩貴族院

23 日清・日露戦争

①陸奥宗光
②日清戦争
③下関条約
④三国干渉
⑤日露戦争
⑥ポーツマス条約
⑦韓国併合
⑧小村寿太郎
⑨孫文
⑩鹿鳴館
⑪遼東半島
⑫与謝野晶子

24 日本の産業革命と文化

①北里柴三郎
②志賀潔
③八幡製鉄所
④田中正造
⑤野口英世
⑥田中正造

5章 二度の世界大戦と現代

25 第一次世界大戦

①ドイツ
②サラエボ事件
③第一次世界大戦
④二十一か条の要求
⑤ロシア革命
⑥三・一独立運動
⑦五・四運動
⑧ベルサイユ条約
⑨国際連盟
⑩ワシントン会議
⑪イギリス
⑫ドイツ
⑬ 1920年

26 大正デモクラシーと社会運動

①平塚らいてう
②吉野作造
③米騒動
④原敬
⑤全国水平社
⑥関東大震災
⑦治安維持法
⑧普通選挙法
⑨普通選挙

27 世界恐慌と日本の中国侵略

①世界恐慌
②ファシズム体制
③ヒトラー
④ナチス党
⑤ムッソリーニ
⑥満州事変
⑦五・一五事件
⑧犬養毅首相
⑨国際連盟
⑩二・二六事件
⑪ニューディール政策
⑫ブロック経済
⑬世界恐慌
⑭満州事変
⑮五・一五事件
⑯二・二六事件
⑰日中戦争

28 第二次世界大戦と太平洋戦争

①日中戦争
②国家総動員法
③ポーランド
④第二次世界大戦
⑤大政翼賛会
⑥日独伊三国同盟
⑦太平洋戦争
⑧満州国
⑨日中戦争
⑩第二次世界大戦
⑪太平洋戦争
⑫真珠湾
⑬ドイツ
⑭ソ連

29 日本の終戦

①沖縄
②ポツダム宣言
③広島
④ソ連
⑤長崎
⑥学徒出陣
⑦学童疎開
⑧東京大空襲

30 戦後日本の民主化

①マッカーサー
②国際連合
③財閥
④農地改革
⑤満 20 歳以上の男女
⑥日本国憲法
⑦教育基本法
⑧朝鮮戦争
⑨日米安全保障条約
⑩農地改革
⑪財閥解体
⑫日本国憲法

⑬国民主権
⑭平和主義
⑮吉田茂

31 戦後～現代の日本の動き

①日ソ共同宣言
②高度経済成長
③日韓基本条約
④沖縄
⑤日中共同声明
⑥石油危機
⑦日中平和友好条約
⑧第五福竜丸
⑨中東戦争
⑩日ソ共同宣言
⑪日韓基本条約

32 戦後～現代の世界の動き

①国際連合
②冷たい戦争（冷戦）
③ 38度線
④北大西洋条約機構
⑤アジア・アフリカ会議
⑥ヨーロッパ連合
⑦冷たい戦争（冷戦）
⑧ベルリンの壁
⑨同時多発テロ
⑩ベトナム戦争

6章 社会と文化の動き

33 旧石器時代～弥生時代の文化

①旧石器時代
②打製石器
③１万年
④縄文土器
⑤磨製石器
⑥貝塚
⑦たて穴住居
⑧弥生土器
⑨青銅器
⑩稲作
⑪野尻湖遺跡
⑫三内丸山遺跡
⑬岩宿遺跡
⑭登呂遺跡
⑮吉野ケ里遺跡

34 古墳時代～奈良時代の文化

①古墳文化
②仏教
③飛鳥文化
④法隆寺
⑤遣隋使
⑥天平文化
⑦正倉院
⑧古事記
⑨万葉集
⑩正倉院
⑪大仏

35 平安時代～鎌倉時代の文化

①国風文化
②仮名文字
③源氏物語
④平等院鳳凰堂
⑤平家物語
⑥金剛力士像
⑦似絵
⑧寝殿造
⑨金剛力士像

36 室町時代～安土桃山時代の文化

①北山文化
②足利義満
③金閣
④世阿弥
⑤東山文化
⑥足利義政
⑦銀閣
⑧書院造
⑨雪舟
⑩桃山文化
⑪姫路城
⑫千利休
⑬金閣
⑭銀閣
⑮書院造

37 江戸時代の文化

①元禄文化
②松尾芭蕉
③近松門左衛門
④杉田玄白
⑤本居宣長
⑥伊能忠敬
⑦化政文化
⑧歌川広重
⑨寺子屋
⑩解体新書

38 明治・大正時代の文化

①福沢諭吉
②岡倉天心
③津田梅子
④夏目漱石
⑤芥川龍之介
⑥ラジオ放送
⑦北里柴三郎
⑧志賀潔
⑨野口英世

39 仏教（宗教）の展開

①百済
②聖徳太子
③法隆寺
④聖武天皇

⑤鑑真（がんじん）
⑥最澄（さいちょう）
⑦空海（くうかい）
⑧栄西（えいさい）
⑨道元（どうげん）
⑩ザビエル
⑪唐招提寺（とうしょうだいじ）
⑫行基（ぎょうき）
⑬法然
⑭運慶（うんけい）
⑮鑑真

---

40 各時代の芸能・文学・学問

①能（のう）
②近松門左衛門（ちかまつもんざえもん）
③万葉集（まんようしゅう）
④紫式部（むらさきしきぶ）
⑤松尾芭蕉（まつおばしょう）
⑥朱子学
⑦本居宣長（もとおりのりなが）
⑧伊能忠敬（いのうただたか）
⑨寺子屋（てらこや）

7章 産業の発達

41 商業・工業と都市の発達

①定期市（ていきいち）
②明銭（みん）
③座（ざ）
④楽市・楽座（らくいち・らくざ）
⑤株仲間（かぶなかま）
⑥八幡製鉄所（やはた）
⑦長安（ちょうあん）
⑧京都
⑨博多
⑩堺

---

42 交通・通信の歴史

①東海道（とうかいどう）
②新橋（しんばし）
③ラジオ放送
④テレビ放送
⑤東海道新幹線（しんかんせん）
⑥関所
⑦中山道
⑧東海道
⑨横浜

---

43 農業の歴史

①口分田（くぶんでん）
②墾田永年私財法（こんでんえいねんしざいのほう）
③二毛作（にもうさく）
④寄合（よりあい）
⑤干鰯（ほしか）
⑥五人組（ごにんぐみ）
⑦石包丁

---

44 土地・税の制度の歴史

①公地・公民（こうち・こうみん）
②6
③荘園（しょうえん）
④地頭（じとう）
⑤新田（しんでん）
⑥地租改正（ちそかいせい）
⑦荘園
⑧太閤検地
⑨租（そ）
⑩庸（よう）
⑪調（ちょう）

8章 外交と貿易の動き

45 日本の外交史（弥生時代～江戸時代）

①渡来人（とらいじん）
②遣唐使（けんとうし）

---

③日宋貿易（にっそう）
④モンゴルの襲来（元寇）（げんこう）
⑤倭寇（わこう）
⑥日明貿易（にちみん）
⑦朝鮮通信使
⑧隋
⑨高句麗（こうくり）
⑩新羅
⑪百済
⑫菅原道真
⑬オランダ

---

46 日本の外交史（幕末～明治時代）

①異国船打払令（いこくせんうちはらい）
②日米和親条約（わしん）
③日米修好通商条約（しゅうこうつうしょう）
④領事裁判権
⑤下関条約（しものせき）
⑥日英同盟
⑦ポーツマス条約
⑧韓国（かんこく）
⑨関税自主権（かんぜいじしゅ）
⑩遼東半島
⑪浦賀

---

47 貿易の歴史

①日宋貿易（にっそう）
②平清盛（たいらのきよもり）
③足利義満（あしかがよしみつ）
④勘合（かんごう）
⑤南蛮貿易（なんばん）
⑥ポルトガル
⑦朱印船貿易（しゅいんせん）
⑧日本町（まち）
⑨出島
⑩中国
⑪オランダ
⑫琉球（りゅうきゅう）
⑬朝鮮
⑭朱印状

48 中国・朝鮮の歴史

①甲骨文字
②始皇帝
③百済
④唐
⑤律令
⑥チンギス・ハン
⑦朝鮮国
⑧アヘン戦争
⑨甲午農民戦争
⑩辛亥革命
⑪三・一独立運動
⑫五・四運動
⑬満州事変
⑭朝鮮戦争

9章 民衆の動きと社会運動

49 民衆の動き

①名主
②惣
③正長の土一揆
④山城国一揆
⑤五人組
⑥島原・天草一揆
⑦米騒動
⑧加賀の一向一揆
⑨正長の土一揆
⑩山城国一揆
⑪天草四郎

50 社会運動の展開

①学問のすゝめ
②自由民権運動
③板垣退助
④足尾銅山鉱毒事件
⑤大正デモクラシー
⑥吉野作造
⑦全国水平社
⑧治安維持法
⑨水俣病
⑩四日市ぜんそく
⑪イタイイタイ病

10章 歴史を動かしたおもな人物

51 おもな天皇・将軍

①天智天皇
②聖武天皇
③桓武天皇
④後鳥羽上皇
⑤後醍醐天皇
⑥ 源 頼朝
⑦北条時宗
⑧足利尊氏
⑨足利義満
⑩足利義政
⑪徳川家康
⑫徳川家光
⑬徳川吉宗
⑭徳川慶喜

52 歴史上で活躍した女性

①卑弥呼
②推古天皇
③北条政子
④津田梅子
⑤与謝野晶子
⑥青鞜社

53 おもな内閣総理大臣

①伊藤博文
②原敬
③犬養毅
④東条英機
⑤吉田茂
⑥米騒動
⑦真珠湾攻撃

11章 国内の戦乱と対外戦争

54 戦乱の歴史(弥生時代～鎌倉時代)

①坂上田村麻呂
②平将門の乱
③ 源 頼朝
④壇ノ浦の戦い
⑤承久の乱
⑥元寇
⑦後醍醐天皇
⑧足利尊氏
⑨新田義貞

55 戦乱の歴史(信長・秀吉・家康の時代)

①桶狭間の戦い
②長篠の戦い
③安土城
④刀狩令
⑤関ヶ原の戦い
⑥関所
⑦太閤検地

56 戦乱の歴史(明治時代)

①西南戦争
②甲午農民戦争
③日清戦争
④下関
⑤ロシア
⑥日英同盟
⑦日露戦争
⑧ポーツマス条約
⑨鳥羽・伏見の戦い
⑩五稜郭の戦い
⑪台湾
⑫樺太

57 戦乱の歴史(第一次世界大戦前後の世界と日本)

①辛亥革命

②日英同盟
③二十一か条の要求
④米騒動
⑤ベルサイユ条約
⑥国際連盟
⑦ワシントン会議
⑧ 1920年
⑨ジュネーブ
⑩ 1945年
⑪ニューヨーク
⑫安全保障理事会

58 戦乱の歴史（満州事変～太平洋戦争）

①満州事変
②犬養毅首相
③日中戦争
④第二次世界大戦
⑤日ソ中立条約
⑥真珠湾
⑦疎開
⑧学徒出陣
⑨広島
⑩長崎

59 戦乱の歴史（大戦後の世界の戦争・紛争）

①朝鮮民主主義人民共和国
②朝鮮戦争
③ベトナム戦争
④石油危機

12章 歴史地図

60 歴史地図（旧石器時代～室町時代）

①延暦寺
②金剛峯寺
③壇ノ浦の戦い
④元寇
⑤吉野ケ里遺跡
⑥三内丸山遺跡
⑦平将門の乱
⑧鎌倉

61 歴史地図（安土桃山時代～現代）

①米騒動
②関ヶ原の戦い
③安土城
④大塩（平八郎）の乱
⑤八幡製鉄所
⑥出島
⑦西南戦争
⑧長篠の戦い
⑨富岡製糸場

62 歴史地図（世界の歴史）

①ルネサンス
②産業革命
③エルサレム
④メッカ
⑤フランス革命
⑥マゼラン
⑦アヘン戦争

著者紹介

●**下地 英樹**（しもじ・ひでき）

現在，神戸市の須磨学園夙川中学校・高等学校で，中学社会，高校地理を担当している。授業を通して社会のさまざまな事がらを教えることを生き甲斐にしていて，教室からはいつも迫力ある熱弁と生徒の笑い声が絶えない。とにかく面白く，分かりやすい授業で，生徒から高い支持を得ている。

□ 編集協力　大迫秀樹　竹尾真由美　待井容子
□ 図版作成　㈱ユニックス
□ イラスト　林拓海　森仁
□ 写真提供　アフロ（近現代PL　毎日新聞社　読売新聞）　Colbace　PIXTA（alps　Hiroko　s_fukumura）
DNPartcom（東京都江戸東京博物館　徳川美術館所蔵 ©徳川美術館イメージアーカイブ）　灸まん美術館
京都国立博物館　宮内庁三の丸尚蔵館　建仁寺　埼玉県立さきたま史跡の博物館　近代日本人の肖像
国立国会図書館デジタルコレクション　正倉院正倉

シグマベスト

中学社会　スーパー歴史年表

著　者　下地英樹
発行者　益井英郎
印刷所　株式会社天理時報社
発行所　株式会社文英堂
〒601-8121　京都市南区上鳥羽大物町28
〒162-0832　東京都新宿区岩戸町17
(代表)03-3269-4231

●落丁・乱丁はおとりかえします。